Jutta Lammèr

Ravensburger Kinder-Handwerker-Buch

Sägen, Bohren, Nageln,
Schrauben, Leimen, Schnitzen,
Bauen und Montieren
für Kinder ab 6 Jahren

Otto Maier Verlag Ravensburg

In diesem Buch findest du

Arbeitsplatz, Werkzeug und Material	Seite 4 – 5
Sägen	6 – 7
Arbeiten mit der Laubsäge	8 – 9
Bohren	10 – 11
Puppenhaus	12 – 13
Puppenmöbel	14 – 21
Von der Schublade zum Puppenhaus	21
Sägen von Brettern und Leisten	22
Raspeln und Schleifen	22
Nageln	23
Leimen	23
Schrauben	24
Yo-Yo	24 – 25
Kugelschleuder	26 – 27
Strickapparat	28 – 29
Turner am Reck	30 – 31
Klapperschlangen	32 – 33
Meisenkasten	34 – 35
Rollteller	36 – 37
Krippenfiguren	38 – 39
Adventsbäumchen	40 – 41
Rollenhalter	42 – 43
Fabeltier-Marionette	44
Transportkäfig	45 – 47
Eierständer	48 – 49
Pflanzenpresse	50
Stelzen	51
Schafstall	52 – 53
Schnitzen	54 – 57
Xylophon und Schellenbogen	58 – 60
Metallarbeiten	61 – 63
So entsteht eine Rosette	63
Weihnachtsengel	64 – 65
Silberschmuck	66 – 67
Basteln, Bauen, Montieren	68
Dorf in der Flasche und Flaschenschiff	68 – 71
Rennwagen	72 – 75
Seilroller	76 – 77

Wenn man so alt ist wie du

hat man viele Einfälle und Ideen von Dingen, die man selbst machen könnte. Weil einem dazu aber die notwendigen handwerklichen Grundkenntnisse fehlen, muß man warten, bis sich ein Erwachsener der Sache annimmt.
Meistens wartet man vergebens.
Erwachsene haben ihre eigenen Interessen: sie basteln am Auto oder an der Wohnung herum, oder sie reparieren etwas. Für Kinder mit ihren Phantasien haben sie kaum Zeit. Sie sagen dann gern: „So, wie du dir das vorstellst, geht es nicht", ohne es überhaupt ausprobiert zu haben.
Was kann man als Kind da machen? Es selbst probieren. Jetzt gleich. Mit Hilfe dieses Buches kannst du lernen, wie man mit Werkzeug umgeht, wie man fachgerecht nagelt, bohrt, schraubt und sägt, wie man richtig leimt, schleift, schnitzt, biegt und montiert. Lies dir alles genau durch, du wirst bald feststellen, daß vieles einfacher ist als du bisher gedacht hast. Die Arbeiten in diesem Buch wurden fast alle von sechs- bis zwölfjährigen Kindern ausgedacht und in die Tat umgesetzt.
Aber: der Umgang mit Werkzeugen ist nicht ungefährlich! Wer Sicherheitsmaßnahmen in den Wind schlägt, ist nicht besonders mutig, sondern besonders dumm. Beachte und beherzige deshalb die Angaben zum Umgang mit den einzelnen Werkzeugen. Und noch etwas solltest du dir angewöhnen: erst denken, dann arbeiten. Sieh dir mal das kleine Auto oben rechts an. Ein sechsjähriges Mädchen hat es mit viel Geduld und handwerklichem Geschick gearbeitet. Erst als es ganz fertig war, bemerkte es, daß das Führerhaus fehlt. Dir passiert so etwas hoffentlich nicht. Dies hier ist ein Handwerkerbuch, kein Bastelbuch. Um etwas zu

basteln braucht man zwar eine Anleitung, aber keine handwerkliche Grundlehre. Doch wenn es um kompliziertere Dinge geht, kommt man ohne Fachkenntnisse nicht aus, vor allem dann nicht, wenn man nach eigenen Plänen arbeitet. Es ist wie mit dem Musizieren: ‚Hänschen klein' kann man sich leidlich auf einem Musikinstrument selbst einüben. Um aber die ganzen Möglichkeiten auszuschöpfen, die in so einem Instrument stecken, muß man es mit Hilfe von Noten und durch Übungen erobern.
Das Instrument beim Handwerken bist du, die Hilfsmittel sind Material und Werkzeug – also: erobere dich selbst!

Arbeitsplatz, Werkzeug und Material

Der beste Arbeitsplatz ist ein Werkraum, aber wer hat den schon! Als Ersatz bietet sich an: Keller, Dachboden oder Garage; als Notbehelf: Küche, Bad oder das eigene Zimmer. Im Sommer ist es einfacher: man arbeitet draußen. Auch wenn man mitten in der Stadt wohnt, findet man oft noch irgendwo einen Platz zum Arbeiten.
Bis auf das Nageln von Holz und das Bearbeiten von Metall macht das Werken wenig Lärm, so daß es deswegen kaum Ärger geben wird. Anders ist es mit dem Schmutz. Wer in der Wohnung sägen oder schleifen muß, sollte sich vorher erkundigen, wann diese Arbeiten am besten auszuführen sind (nämlich vor dem Saubermachen).
Zum Arbeiten braucht man einen Tisch, den man, um die Platte zu schonen, mit einer Preßspan-, Holz- oder Kunststoffplatte abdeckt. Eine solche Abdeckplatte findet man an Sperrmülltagen am Straßenrand: ein größeres Regalbrett, eine Schrankrückwand oder die Platte einer Kommode. Das Abdeckbrett darf keine abgeschrägten Kanten haben, sonst kann man daran keinen Laubsägetisch befestigen.
Wenn du draußen arbeitest, legst du die Platte auf Mauersteine, leere Kisten, umgedrehte Plastikeimer oder ähnliches. Das Gelingen einer Arbeit hängt nicht von der komplizierten Ausrüstung ab, sondern davon, wie genau man abmißt, sägt, nagelt, bohrt, schraubt oder leimt.

An Werkzeug braucht man nicht viel. Mit Hammer, Kneifzange, Universalsäge oder Fuchsschwanz, Bohrer und Schraubenzieher kann man schon eine Menge anfangen, besonders wenn es sich um Holzarbeiten handelt, wie sie in diesem Buch vorwiegend enthalten sind. Wenn du dir Werkzeug kaufst, achte auf Qualität. Nimm lieber das teurere, denn es ist haltbarer und wird nicht so schnell stumpf. Ebenso mußt du es mit dem Material halten. Kaufe nie Schrauben, Nägel oder anderes Kleinmaterial in unsortierten Packungen, sondern stets genau das, was du brauchst.
Bevor du Holz kaufst, versuche erst einmal, umsonst an das Material zu kommen. Fast jedes Heimwerker-Bedarfsgeschäft hat eine sogenannte Zuschnittwerkstatt, und dort steht eine Riesen-Kiste mit Resten. Wenn du fragst, wird man dir bestimmt reichlich Abfallholz umsonst geben.
Nutze deinen Einfallsreichtum nicht nur beim Werken, sondern auch bei der Materialbeschaffung.

Auf dem Farbfoto links siehst du Abschnitte von Astholz. Auch daraus läßt sich etwas machen, wie die Marionette beweist (Anleitung dazu auf Seite 44). Frisches Laubholz ist auch ein gutes Schnitzmaterial.
Auf dem Schwarzweiß-Foto rechts ist Abfallholz abgebildet, wie man es gratis aus der Restekiste eines Heimwerker-Bedarfsgeschäftes bekommt.

Verschiedene Holzsorten. Linke Gruppe: leichtgewichtiges Balsaholz für Modellbau. Rechte Gruppe von vorn nach hinten: Preßspanplatte (für Kinder schwer zu verarbeiten), Tischlerplatte (sie besteht aus Holzstücken, die zwischen zwei Deckplatten verleimt sind), Linden-, Kiefern- und Tannen-holz. Alle Sorten gibt es in verschiedenen Stärken.

Hier eine Auswahl von Leisten, die es in unzähligen Variationen gibt. Von links nach rechts: Leisten aus Balsaholz, Vierkantleiste mit quadratischem Querschnitt, Vierkantleisten mit rechteckigem Querschnitt, Rundstab, Rechteckleiste mit abgerundeten Kanten, Dreieckleiste mit abgerundeten Kanten, Viertelstab, Leiste mit Winkelprofil.

Sägen

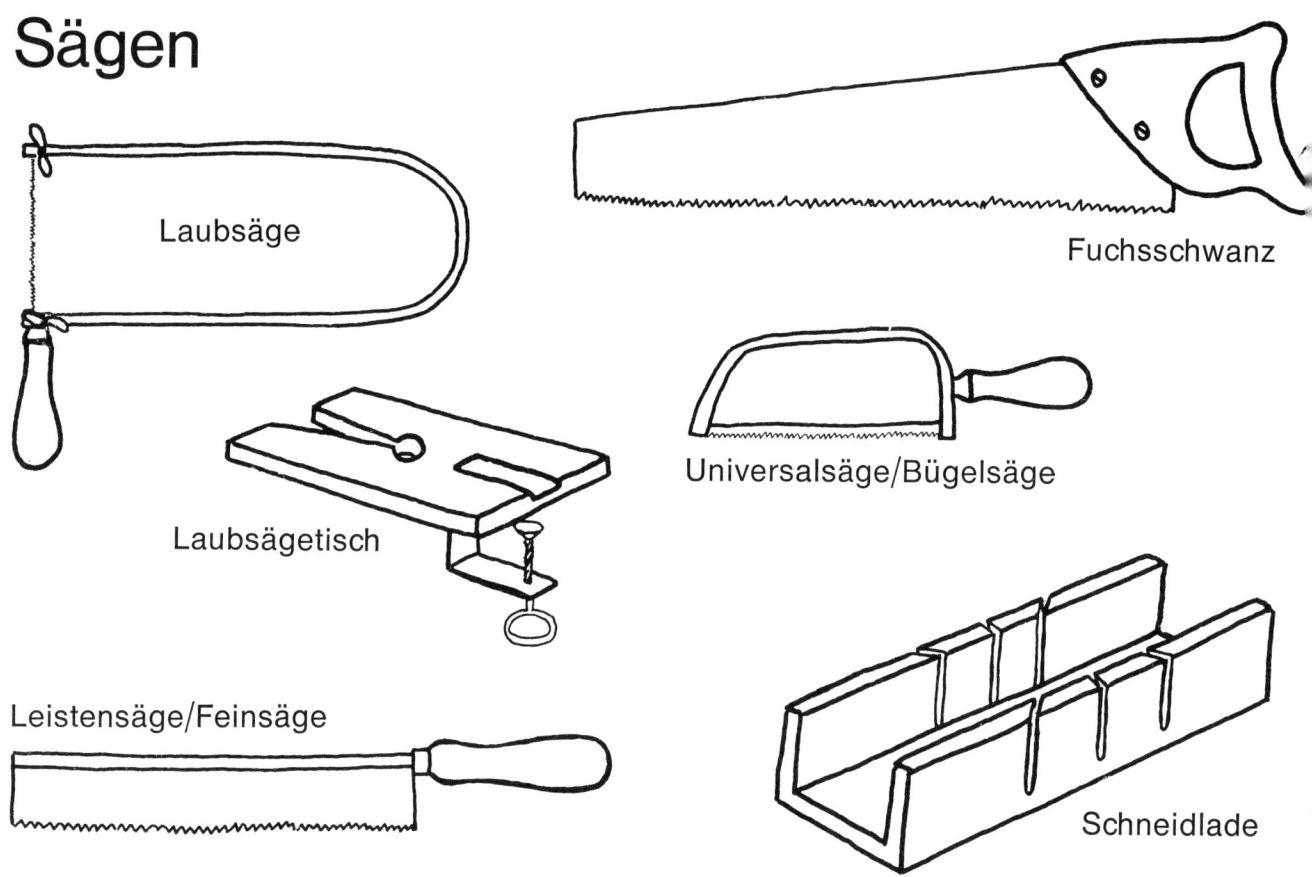

Die gebräuchlichsten Sägen, mit denen du ohne weiteres zurechtkommst, sind Laubsäge, Universalsäge, Fuchsschwanz und Fein- oder Leistensäge.

Zum Arbeiten mit der Laubsäge benutzt man einen Sägetisch, auch ‚Sägebock' genannt, der an der Tischkante festgeschraubt wird. Man kann ihn nur an Tischen mit geraden Kanten befestigen. Dieser Sägetisch soll verhindern, daß man mit dem Laubsägeblatt versehentlich die Tischkante ansägt, was sehr leicht passieren kann, ohne daß man es bemerkt. Also: niemals ohne Sägebock arbeiten! Eine Laubsäge besteht aus Bügel, Haltegriff, zwei Halteplättchen mit Flügelschrauben und Sägeblatt. Zum Einspannen des Sägeblatts hält man den Sägebügel so, wie es das Foto rechts oben zeigt. Das Sägeblatt wird unter die Halteplättchen an beiden Bügel-Enden gelegt und festgeschraubt. Dabei drückt man den Bügel mit dem Brustbein etwas zusammen. Die Zähne des Sägeblatts müssen bei einer Laubsäge stets zum Griff hin zeigen. Den Verlauf der Zähne kann man mit dem Finger fühlen.

Bevor du mit dem Aussägen einer bestimmten Form beginnst, zeichnest du die Umrisse direkt auf das Holz (auf Seite 8 und 9 findest du dazu ein paar einfache Anregungen). Säge knapp außen an der Linie entlang, besonders, wenn du noch keine Übung hast. Was zuviel stehen geblieben ist, kannst du später mit Schleifpapier entfernen (siehe Foto rechts unten). Was aber einmal abgesägt ist, läßt sich nicht wieder dransetzen. Gewöhne dir von vornherein genaues Arbeiten an, du ersparst dir manche Enttäuschung. Dazu noch ein Tip: hast du kleine und große Teile auszusägen, so nimm dir zuerst die größeren vor. Falls du trotz aller Vorsicht ein Teil versägt hast, kannst du das Material noch für ein kleineres verwenden. Zum Sägen wird das Holz – dünnes Sperrholz (allgemein mit ‚Laubsägeholz' bezeichnet) oder weiches Laubholz wie Linde, Fichte, Tanne – so auf den Sägetisch gelegt, daß die Stelle, die gesägt werden soll, über dem Schlitz des Tischchens liegt. Mit der einen flachen Hand hältst du das Holz fest, mit der anderen bewegst du die Säge ohne Druck auf und ab. Dabei mußt du sie so halten, daß das Sägeblatt genau senkrecht verläuft (siehe Foto rechts in der Mitte), sonst bricht das Sägeblatt durch und du mußt mittendrin ein neues einspannen. Das beim Sägen anfallende Sägemehl kannst du wegpusten, sofern du draußen oder in einem Schmutzraum (Werkstatt, Keller, Garage) arbeitest. Sägst du aber in der Wohnung, fegst du das Sägemehl zwischendurch mit einem Pinsel ab, damit nicht alles einstaubt.

Während man mit einer Laubsäge alle möglichen Formen herausarbeiten kann, ergeben die drei anderen Sägen nur gerade Schnitte (das Sägen heißt fachmännisch ‚schneiden'). Man kann mit ihnen Bretter und Leisten, Rund- und Astholz gerade oder schräg, also diagonal schneiden. Die Tiefe des Schnitts wird durch die Art der Säge bestimmt. Mit dem Fuchsschwanz kann man unbegrenzt tief sägen (das Holz kann also beliebig dick sein). Die Leistensäge läßt nur einen Schnitt zu, der bis an den verstärkten Rücken des Sägeblatts reicht (weil dieser nicht durch den schmalen Sägespalt hindurchgeht), und mit der Universalsäge kann man so tief einsägen, bis man an den Bügel stößt.

Damit die geraden Schnitte, besonders bei kleineren Zuschnitten wie z. B. Leisten, auch wirklich gerade werden, benutzt man eine Schneidlade. Ihre Handhabung wird auf Seite 22 erklärt.

Arbeiten mit der Laubsäge

Solche Weihnachtsengel, wie rechts zu sehen, sind einfach auszusägen. Ebenso kleine Namens- oder Hinweisschilder wie auf dieser Seite gezeigt.

Zeichne deinen Entwurf mit Bleistift direkt auf das Holz. Vermeide zu viele Feinheiten, sie sind für Anfänger schwierig zu sägen, weil das Holz hier leicht abbricht. Wenn du längere Zeit ohne abzusetzen sägst, solltest du das Sägeblatt mit Seife einreiben, es gleitet dann leichter und wird nicht so schnell heiß. Muß man um die Ecke sägen, bewegt man die Säge mehrmals auf der Stelle auf und ab. Dadurch entsteht ein kleines Loch, in dem man die Säge leicht in eine andere Richtung drehen kann. Eine weitere Möglichkeit zum Eckensägen ist das vorherige Anbohren der Ecken mit einem Drill- oder Federbohrer, wie auf Seite 10 erklärt.

Achtung! Wenn du mehrere gleiche Teile aussägen willst, zum Beispiel vier Räder, mußt du für jedes Teil das Originalmaß aufzeichnen. Nimmst du einfach das Maß vom vorher gesägten Teil ab, wird das folgende größer, weil du außen herum zeichnest, selbst wenn du zum Ausgleich innen entlang sägst.

Kleine Holzschilder, wie sie hier gerade an eine Werkstatt-Tür genagelt werden, sind leicht auszusägen. Man kann sie vielseitig verwenden: als Namensschild, als Türschild mit Hinweis auf den Raum dahinter, als Schlüsselanhänger oder als Schmuck für ein Geschenkpäckchen.

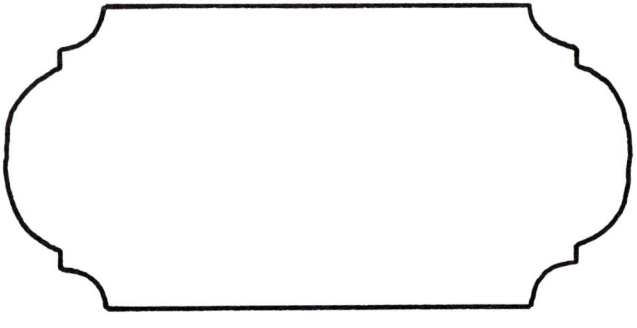

Dies ist das Schild vom Foto oben in Originalgröße und -form. Es soll nur eine Anregung für weitere Formen sein, die du selbst erfinden kannst. Das Schild für einen Garagenschlüssel kann zum Beispiel die Form eines Autos haben, für das Bad die Form einer Wanne, für dein Zimmer . . . Denk mal drüber nach.

Bohren

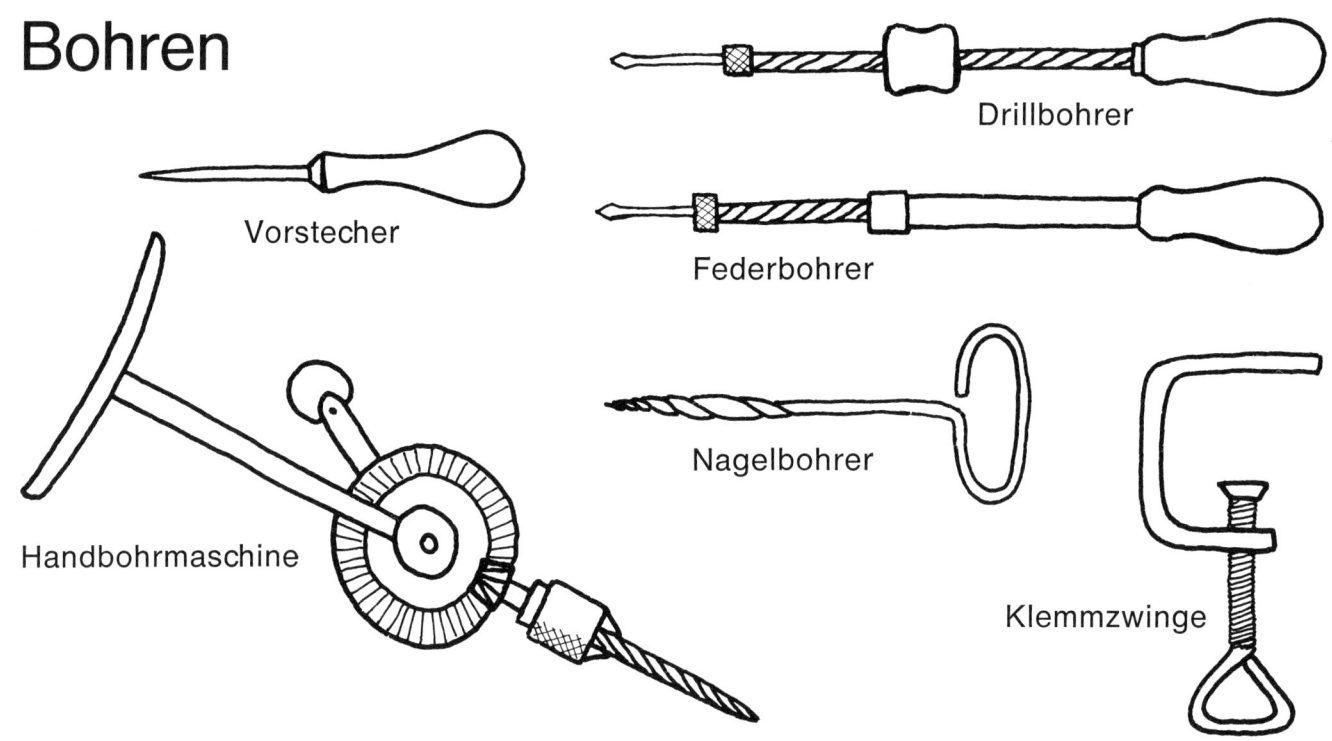

Auf diesen beiden Seiten lernst du die gebräuchlichsten Bohrer, ihre Handhabung und ihren Einsatzbereich kennen.

Der für kleinere Arbeiten am häufigsten verwendete Bohrer ist der Drillbohrer. Er hat einen Holzgriff (das Heft), ein spiralenartig gewundenes Mittelrohr, auf dem eine Art Schieber sitzt, und am Ende ein Klauengewinde (das Bohrfutter), in das der Bohrstift eingesetzt wird. Durch Auf- und Abbewegen des Schiebers dreht sich der Bohrstift (Foto rechts oben). Ähnlich funktioniert auch der Federbohrer, der unterhalb des Heftes in einem rohrförmigen Stück mit einer Feder ausgestattet ist. Bei diesem Werkzeug wird die Drehbewegung durch Drücken und Heben des Heftes (Haltegriff) erzeugt, ähnlich wie bei einem Brummkreisel (Foto rechts Mitte). Drillbohrer und Federbohrer machen nur Löcher mit geringem Durchmesser, sie sind vor allem bei Laubsägearbeiten einzusetzen. Die Zeichnung unten zeigt ein Beispiel: Soll aus der Mitte einer Platte ein Stück herausgesägt werden, bohrt man in das später herausfallende Stück ein Loch, steckt das Laubsägeblatt hindurch und spannt es in den Bügel. Auch beim Aussägen von Ecken wird die Richtungsänderung der Säge erleichtert, wenn man die Ecken innerhalb der Markierung (also auf dem später herausfallenden Teil) durchbohrt.

Nagelbohrer sind eigentlich nur zum Vorbohren von Schraublöchern geeignet. Das Durchbohren von dickerem Holz mit diesem doch recht primitiven Werkzeug ist für kleine Hände zu schwer. Allerdings kann man damit ein mit einem Drill- oder Federbohrer vorgearbeitetes Loch vergrößern. Die Handbohrmaschine bohrt kleine und große Löcher in vielerlei Material, vom Holz bis zum Mauerwerk, je nachdem, mit welchem Bohrer man sie einsetzt. Sie besteht im

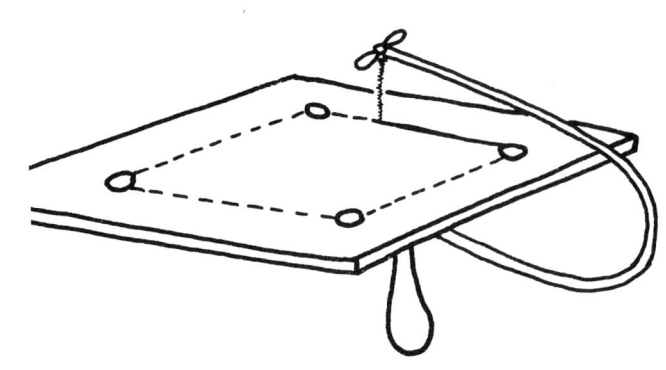

wesentlichen aus dem Bohrfutter, (einer klauenförmigen Öffnung, deren Weite man durch Drehen eines kräftigen Gewindes reguliert), und dem großen Kurbelrad, in das ein kleines Kegelrad greift. Diese Übersetzung (großes Rad/kleines Rad) ermöglicht das Bohren ohne großen Kraftaufwand. Auf der einen Seite des Kurbelrades ist eine Handkurbel angebracht, auf der anderen ein Haltegriff. Am oberen Ende der Handbohrmaschine sitzt eine Brustplatte. Beim Bohren drückt man mit dem Brustbein (nicht mit dem Magen) gegen diese Platte, hält mit der einen Hand den Haltegriff und dreht mit der anderen die Kurbel (Foto rechts unten). Damit der Bohrer beim Ansetzen nicht verrutscht, sticht man die Stelle für das Loch mit dem Vorstecher (auch ‚Ahle' genannt) vor. Das ist besonders wichtig bei dicken Bohrern, die sich schwieriger ansetzen lassen als dünne.

Der Vorstecher eignet sich auch zum Vorarbeiten kleiner Schraublöcher, für die man keinen Bohrer braucht.
Damit sich das Holz, in das man bohren will, nicht mitdreht, befestigt man es mit einer Klemmzwinge am Arbeitstisch. Man kann dazu die Zwinge vom Laubsägebock nehmen. Hat man keine Klemmzwinge, kann man sich helfen, indem man das Werkstück auf den Boden legt und es mit dem Knie oder dem Fuß festhält. Wichtig ist, daß man beim Bohren stets ein Stück Abfallholz unter die Bohrstelle legt, damit man den Arbeitstisch oder den Boden nicht anbohrt. Will man mehrere Löcher von gleicher Tiefe bohren, markiert man den Bohrstift an entsprechender Stelle mit einem Stück farbigem Klebeband. Bohrt man nun jedes Mal bis an diese Markierung, werden alle Löcher gleich tief. Und noch etwas: halte den Bohrer stets gerade, wie alles Werkzeug, also genau waagerecht oder genau senkrecht, sonst werden die Bohrlöcher schräg.

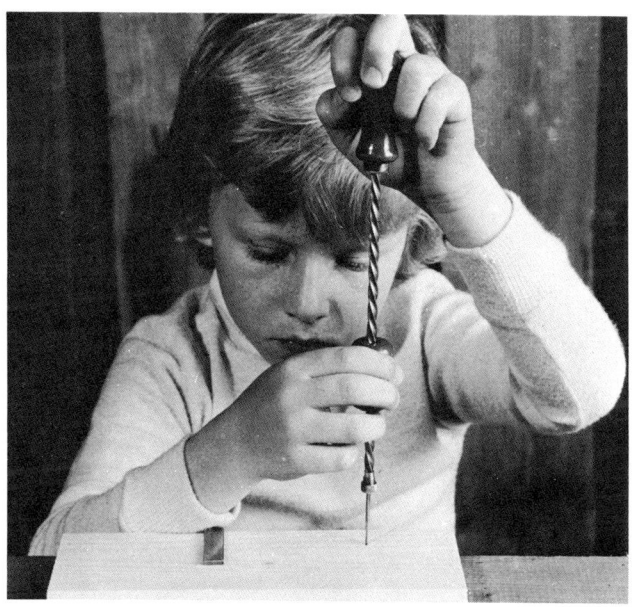

Puppenhaus

Hättest du nicht Lust, ein schönes großes Puppenhaus mit einer kompletten Einrichtung zu basteln? Es ist gar nicht schwer, und viel Geld brauchst du dazu auch nicht. Selbst wenn man nicht mehr mit Puppen spielt, so ist ein solches Haus doch ein besonders schönes Schmuckstück. Man kann es später ausräumen und als Bücherregal verwenden.

Wie du vielleicht schon vermutet hast, wurde das Haus aus einer ausgedienten Kommodenschublade gemacht. Unten links siehst du die Größe der Schublade, rechts daneben sind noch kleinere Schubladen gezeigt, aus denen man eine Mini-Puppenwohnung machen könnte. Alle diese Schubladen standen an einem Sperrmülltag am Straßenrand.

Sicher findest du auch eine geeignete Schublade für dieses Vorhaben. Zu kaufen brauchst du eigentlich nur die drei Regalbretter für die einzelnen Etagen und die Leisten, auf denen sie liegen (nähere Angaben auf Seite 21). Für die Möbel kannst du kleinere Sperrholzabschnitte nehmen, die du sicherlich umsonst aus der Restekiste eines Heimwerker-Bedarfsgeschäftes bekommst (frag nicht im Laden, sondern in der Zuschnitt-Werkstatt). Die Holzstücke müssen alle die gleiche Stärke haben, sonst funktioniert das Stecksystem nicht. Auf den nächsten Seiten findest du Zuschneidepläne und Bauanleitungen für einige Möbel. Weitere mußt du dann selbst entwerfen und bauen. Nur Mut, du kannst es bestimmt.

13

Puppenmöbel

Zum Bau der Puppenmöbel braucht man das oben abgebildete Werkzeug. Daß man ein Lineal, ein Zentimetermaß oder einen Zollstock braucht, ist selbstverständlich, und daß zur Laubsäge ein Sägetischchen gehört, weißt du inzwischen auch. Das Röllchen neben der Laubsäge stellt Schleifpapier dar. Für diese Arbeit braucht man es in mittlerer Körnung, etwa 80 bis 100. Der Körnungsgrad steht auf der Rückseite des Papiers (mehr über das Schleifen auf Seite 22). Zum Kleben der Möbel nimmt man am besten Ponal. Es geht auch mit Pritt Alleskleber. Zum Anmalen eignet sich Deka Ziermatt besonders gut. Rechts siehst du die Schnittmuster für Bett und Schrank (die richtige Benennung dafür ist ‚Werkzeichnung‘, ‚Schnittplan‘, ‚Bauplan‘ oder ‚Zuschneideplan‘). Bis auf die Schrank-Rückwand ist alles in Originalgröße angegeben. Du kannst die Maße also übernehmen wie sie sind. Sind bei einer Zeichnung Maße in Zentimetern angegeben, muß die gezeigte Form entsprechend vergrößert werden. Nach Möglichkeit solltest du einen Winkel haben, damit es keine schiefen Ecken gibt, denn die Kanten müssen im rechten Winkel zueinander stehen. Hast du keinen Winkel, so suche dir ein Hilfsmittel als Kontrollmaß, zum Beispiel die Ecke eines Zeichenblocks, Schulheftes oder einer Kalender-Rückwand.

Zuerst zum Bett: Übertrage die Umrisse – das sind die durchgehenden Linien – auf das Holz. Die gestrichelten Linien sind Markierungen für einen späteren Arbeitsgang, der noch erklärt wird. Die Länge der Schlitze (fachmännisch: die Tiefe der Einschnitte) kannst du genau übernehmen, nicht aber deren Weite! Die Weite der Einschnitte richtet sich nach der Stärke des Holzes, und zwar müssen die Einschnitte etwas enger (schmaler) sein als das Holz dick (stark) ist. Sind die Schlitze nach dem Aussägen zu eng, arbeitet man sie mit Schleifpapier nach. Teile mit zu weiten Schlitzen kann man nicht mehr verwenden. Denke daran, wenn du Maß nimmst. Schneide immer so viele Teile zu, wie auf dem Plan angegeben sind, in diesem Falle also noch ein Kopfteil, das dem Fußteil gleicht. Anschließend sägst du die beiden gleichen Seitenteile für das Bett aus. Denke auch hier wieder an die Weite der Einschnitte. Nun kannst du alles zusammenstecken: Seitenteile rechts und links in Aufwärtsrichtung in die Einschnitte von Kopf- und Fußteil. Wenn alles paßt, hast du sehr gut gearbeitet. Wenn nicht, schleife die Schlitze sorgfältig nach, prüfe dabei zwischendurch die Weite.

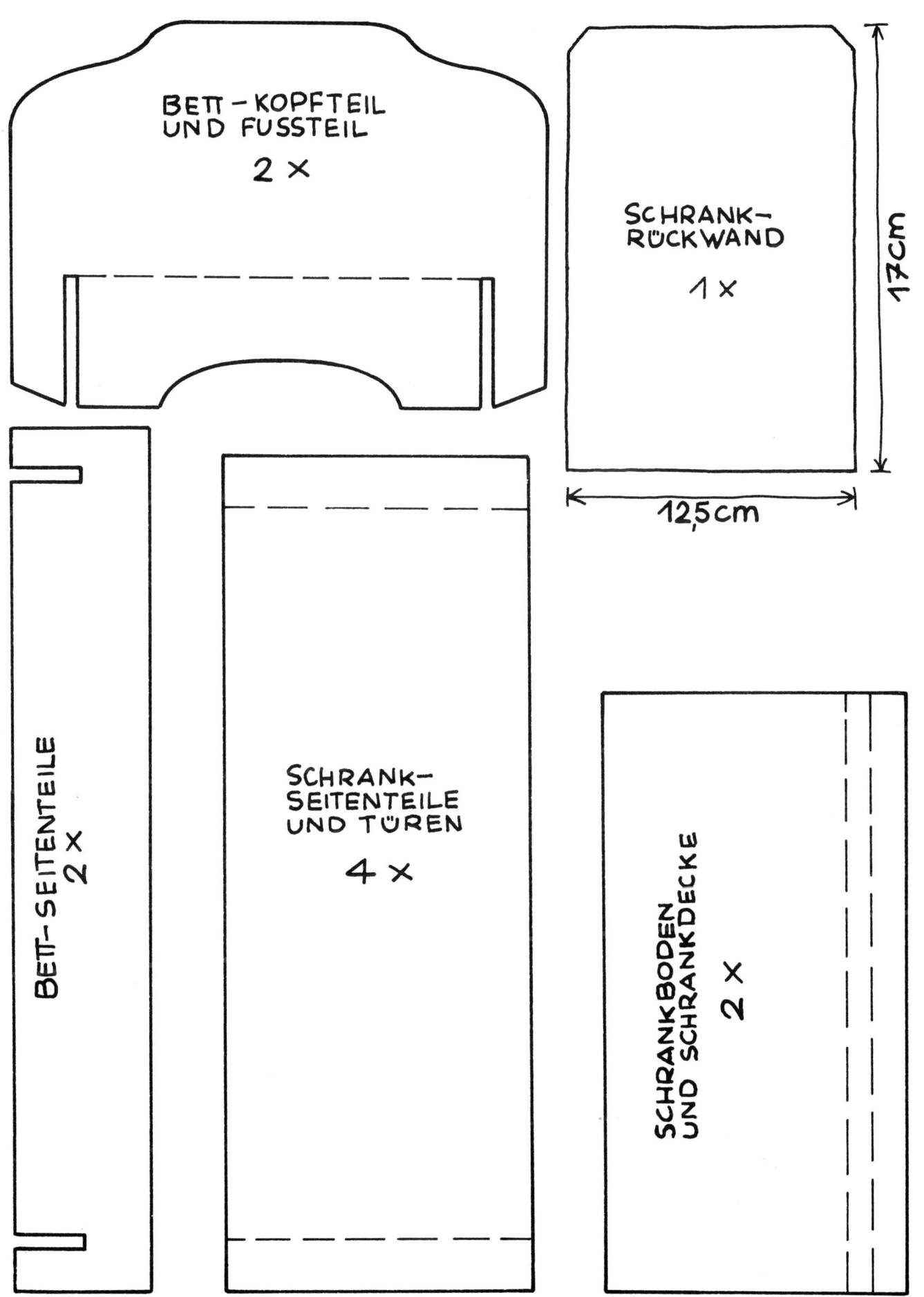

16

17

Aus den Innenmaßen des Bettes ergeben sich die Maße für den Matratzenboden, der nun auszusägen ist: ein einfaches Rechteck. Man legt das Brett auf zwei Leisten, die zuvor genau unterhalb der gestrichelten Linien an Kopf- und Fußteil angeleimt werden müssen. Diese Leisten kann man aus Abfallstücken zusägen. Die Einschubstellen zwischen End- und Seitenteilen werden auf der Innenseite des Bettgestells mit Ponal bestrichen. Nach dem Trocknen des Leims wird das ganze Werkstück geschliffen. Vorsicht, damit nichts abbricht! Nachdem man den Schleifstaub entfernt hat, kann man das Bett anmalen.

Nun zum Schrank: Alle Teile werden in angegebener Anzahl ausgesägt. Die Schrankrückwand wird den Maßen entsprechend zugeschnitten. Die gestrichelten Hilfslinien werden nur auf zwei der vier gleichen Teile (Seitenteile) und auf die Schrankdecke übertragen.

Schneide nun von einer 1 x 1 cm starken Vierkantleiste (Abfallstück) vier Stücke von je 6 cm Länge und ein Stück von 11,5 cm (es darf auch kürzer sein) ab. Die kleinen Leisten leimst du mit Ponal an die beiden Schmalseiten der Seitenteile, und zwar jeweils von der Schnittkante bis zur gestrichelten Linie, waagerecht verlaufend. Es ist wichtig, daß die Leisten oben und unten mit den Sägekanten abschließen, weil sie Schrankboden und Schrankdecke tragen müssen, die nun dagegen geleimt werden. Die gestrichelten Linien der Schrankdecke müssen obendrauf an der Vorderkante verlaufen. Prüfe, ob der entstehende Kasten im rechten Winkel ist, noch kannst du ihn korrigieren! Nachdem der Leim getrocknet ist – nicht eher, wird die Rückwand mit den abgeschrägten Ecken nach oben so angeleimt, daß sie unten genau mit dem Schrankboden abschließt und oben etwas übersteht. Wenn dir etwas nicht ganz klar ist, sieh einmal auf Seite 47 nach, dort ist ein ähnlicher Kasten wie der hier beschriebene abgebildet.

Noch ist der Schrank aber nicht fertig: es fehlen die Füße, die Türen und der Aufsatz, den du rechts unten auf der Seite 19 siehst. Er wird ausgesägt, geschliffen und vorn gegen die Leiste der Schrankdecke geleimt. Zwei ca. 6 cm lange Leistenabschnitte in beliebiger Stärke werden als Füße unter den Schrankboden geleimt. Die Türen befestigt man mit Scharnieren, die aus zwei Lederstreifen je Tür bestehen. Sie sollen etwa 4 cm lang und 1/2 cm breit sein. Mit Pritt Alleskleber werden sie so auf die Türen und Seitenteile geklebt, daß sie 2 cm weit auf die Seitenteile umgreifen. Damit die Türen beim Schließen nicht in das Innere des Schrankes gedrückt werden, leimt man innen auf den Schrankboden und unter die Schrankdecke eine kleine waagerecht verlaufende Leiste. Ein Klötzchen in der Mitte tut es auch. Um die Schranktüren zu verschließen, dreht man vorn in jede Tür eine winzige Schrauböse ein und schiebt einen Holzspan hindurch.

Den Bau von Tisch und Stuhl – Schnittpläne auf der rechten Seite – wirst du nach den Erfahrungen mit Bett und Schrank sicher ohne ausführliche Erläuterungen zustande bringen. Vergiß nicht, daß die Weite der Schlitze der Stärke deines Holzes angepaßt sein muß.

Zum Tisch: Die aufzuleimenden Leisten dienen als Halterung für die Bein-Teile. Sie werden unter der Tischplatte angebracht. Die Tischbeine kommen mit der geraden, durchgehenden Kante von außen dagegen. Die Verbindungsleiste zwischen den Tischbeinen wird von unten aufwärts eingeschoben.

Zum Stuhl: Sitz und Lehne müssen mit Ponal am Gestell festgeleimt werden. Verbreitert man Lehne und Sitz, wird aus dem Stuhl eine Bank.

Nach dem Schnittplan links kann man zwei verschiedene Regale bauen: ein großes mit drei Zwischenbrettern (es heißt richtig ‚Zwischenböden') und ein kleines mit zwei

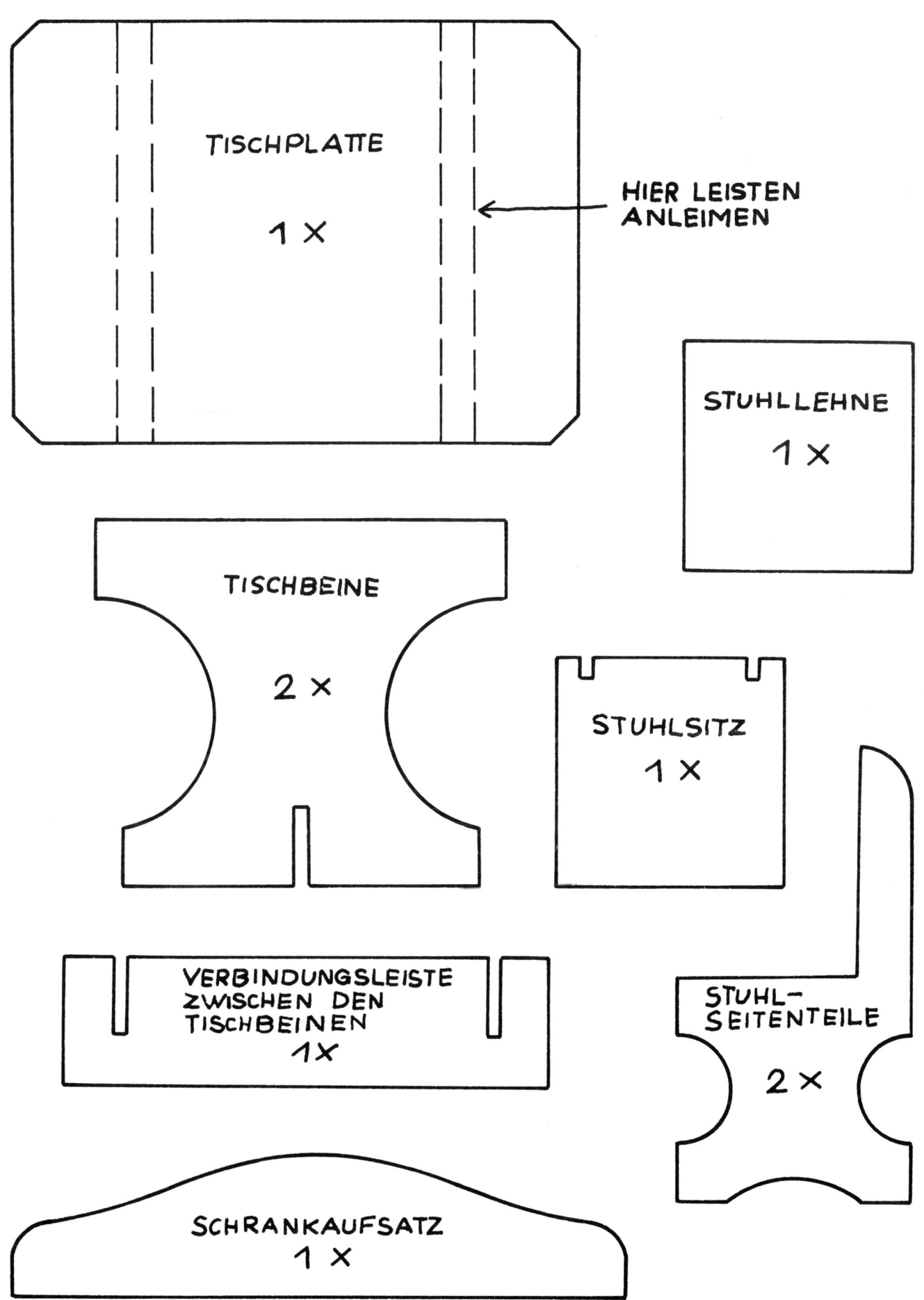

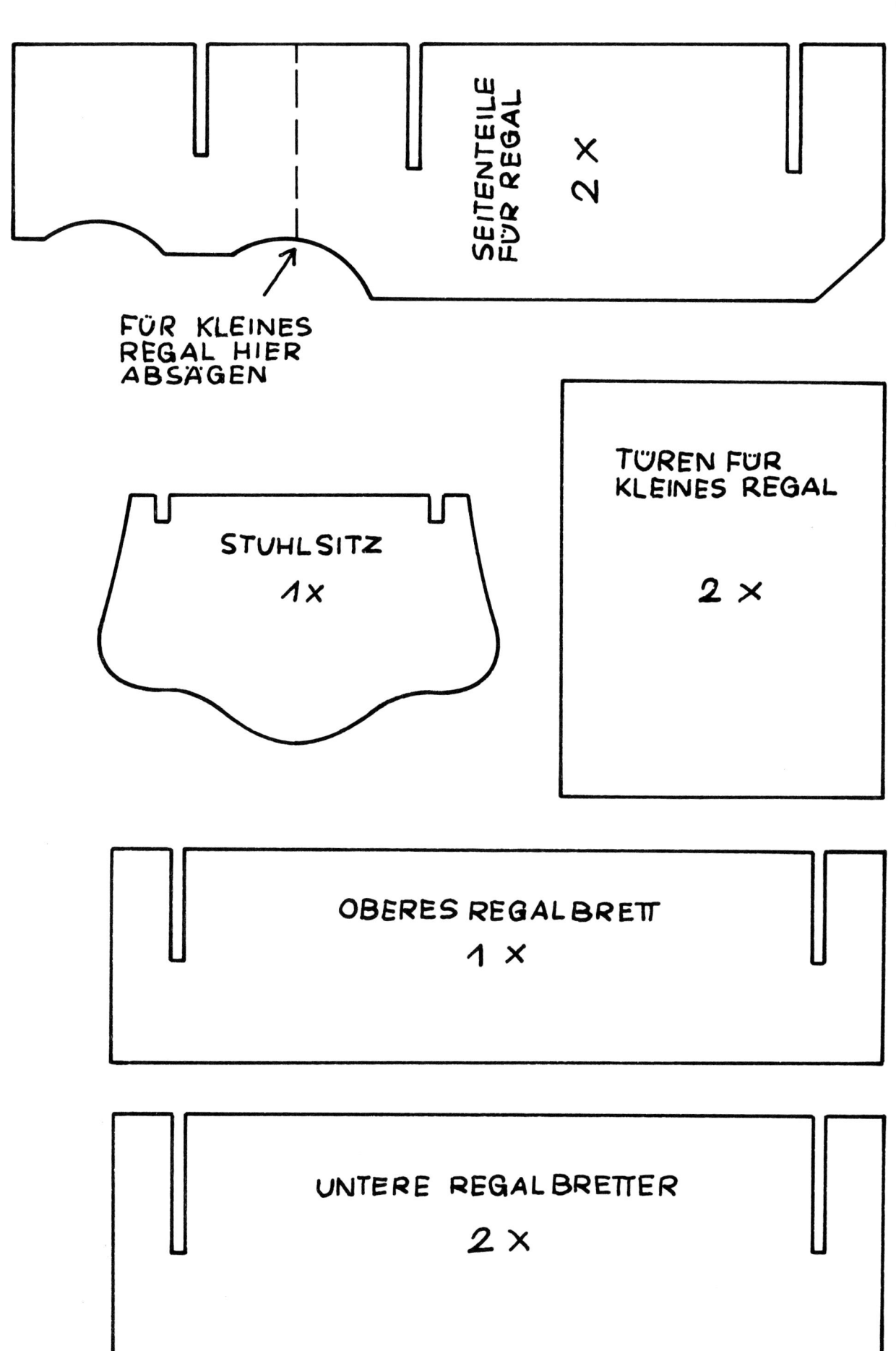

Böden und zwei Türen. Die Regalböden werden von hinten nach vorn in die Schlitze der Seitenteile eingeschoben. Bei dem hellblauen Regal der Küche (Foto Seite 17 unten) wurde direkt über dem mittleren Regalboden noch ein zweiter mit abgerundeten Ecken eingeschoben, und zwar von vorn nach hinten.
Zu dem abgebildeten Stuhlsitz paßt das Gestell von Seite 19. Die Größe der Lehne läßt sich leicht ermitteln.

Von der Schublade zum Puppenhaus

Zuerst schraubt oder sägt man alle Knöpfe, Griffe, Beschläge und Verzierungen ab, schleift die Stellen glatt und füllt die Löcher mit Holzkitt (Heimwerkergeschäft, Farbenhandlung) aus. Die hochkant gestellte Schublade wird in vier gleich große Räume aufgeteilt. Die Unterteilungen markiert man mit Bleistift rechts und links an den Innenseiten durch genau waagerecht verlaufende Striche. Auf diese Striche leimt und nagelt man entsprechend zugesägte, 1 x 1 cm starke Vierkantleisten für die Zwischenböden (Etagen). Das Maß der Zwischenböden, die auf die Leisten geleimt werden, ergibt sich aus Tiefe und Breite (Innenmaß!) der Schublade. Am besten läßt man sich die Bretter aus 8 – 10 mm starkem Preßspan beim Kauf passend zusägen. Die Rückwand – der Schubladenboden – besteht meistens aus zwei Hälften, die man aus einer Führung herausziehen kann. Man markiert auf ihr die Fenster des Hauses, sägt sie mit der Laubsäge aus, und schiebt die Rückwandteile wieder ein. Tapezieren, Außenanstrich, fertig!

Sägen von Brettern und Leisten

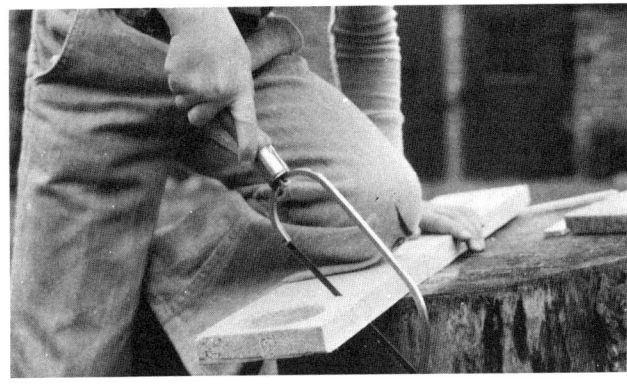

Mit der kleinen Universalsäge vom Foto links kann man wahlweise Holz oder Metall schneiden, denn das Sägeblatt läßt sich auswechseln. Eine solche Säge ist billig. Will man ein Brett durchsägen, das breiter ist als die Spannweite zwischen Sägeblatt und Bügel, sägt man das Brett auf einer genauen Markierung von beiden Seiten bis zur Mitte. Man arbeitet am besten, wenn man das Brett auf einen Hocker, eine Kiste, einen Baumstumpf o. ä. legt und das eine Ende mit dem Knie festhält. Leisten zersägt man mit Hilfe einer Schneidlade (Foto darunter). Sie läßt sowohl gerade als auch diagonale (schräge) Schnitte zu. Man legt das Holz waagerecht in die Schneidlade, hält Holz und Lade mit der einen Hand fest und sägt mit der anderen.

Raspeln und Schleifen

Nach dem Sägen muß Holz immer geschliffen werden, vor allem an den Sägekanten. Grobe Unebenheiten bearbeitet man mit einer Raspel (Foto links), feinere mit Schleifpapier (Foto darunter). Die Holzraspel hat pickelartige Erhöhungen auf den Reibeflächen, mit denen man die Unebenheiten abschabt. Stets in Faserrichtung oder schräg, niemals gegen die Faser arbeiten. Schleifpapier gibt es in verschiedenen Feinheitsgraden (man nennt das ‚Körnung'). Der Körnungsgrad steht auf der Rückseite. Für den Anfang genügt Papier mit Körnung 80 oder 100. Flächen und gerade Kanten schleift man mit Hilfe eines Schleifblocks: Genau passend geschnittenes Schleifpapier wird um einen rechteckigen Klotz aus Holz oder Kork gelegt (siehe Foto links). Ist das Schleifpapier schmäler oder breiter als der Schleifklotz, reißt es an den Kanten ein.

Nageln

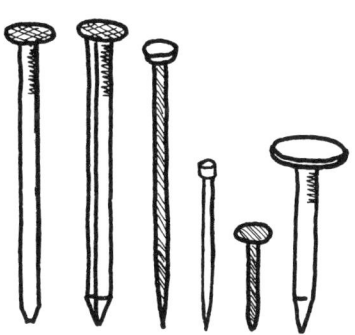

Es gibt unzählige Nagelsorten. Oben siehst du: Nagel mit gestauchter Spitze, Kistennagel, Stahlnagel (für Wände), Drahtstift, Blaue Kammzwecke und Dachpappennagel. Nagel und Werkstück müssen zusammenpassen: der Nagel darf weder zu lang noch zu dick sein. Je dicker ein Nagel ist, umso leichter spaltet er das Holz. Diese Gefahr verringert man, wenn man den Nagel vorher ‚staucht', das heißt, seine Spitze mit einem Hammerschlag abstumpft.
Am besten sticht man Nagelstellen mit dem Vorstecher (Ahle) an. Den Hammer faßt man am Ende des Stiels und schlägt genau senkrecht, nicht schräg, auf den Nagelkopf. Einen falsch eingeschlagenen Nagel zieht man mit der Beißzange (Kneifzange) so heraus, wie auf dem Foto rechts zu sehen: man legt eine Leiste unter die Zange. Sie wirkt als Hebel und verhindert, daß das Holz durch die Zangenbacken beschädigt wird.

Leimen

Eine unsichtbare Holzverbindung ist das Leimen. Sicher kennst du Pritt Alleskleber. Aber es gibt für Bastler und Handwerker noch zahlreiche Spezialkleber. Die für Holzarbeiten wichtigsten sind Ponal und Pattex. Ponal ist ein Weißleim. Zum Kleben fügt man die Teile nach dem Bestreichen sofort zusammen. Sie sollten möglichst gepreßt trocknen (zusammenbinden oder belasten). Bei Pattex bestreicht man beide zu klebenden Teile, läßt den Kleber fingertrocken werden und fügt sie erst dann zusammen.

Schrauben

Yo-Yo

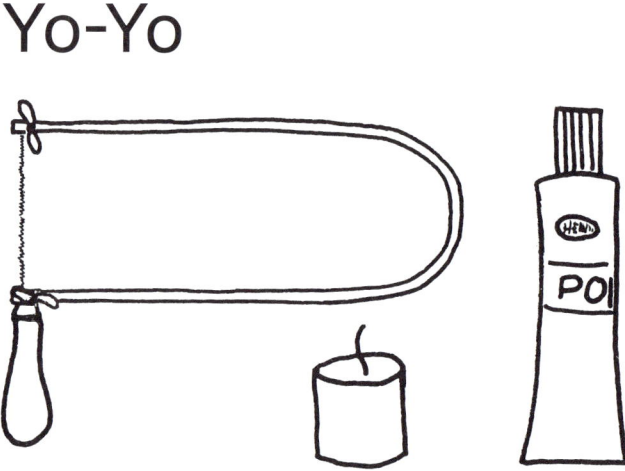

Außer nach Länge und Stärke, die man in Millimetern rechnet, unterscheidet man Schrauben nach ihren Köpfen. Oben siehst du: Rundkopf-, Senkkopf-, Linsenkopf- und Maschinenschraube mit Mutter. Es gibt auch Schrauben mit sich kreuzenden Schlitzen (Kreuzschrauben) und Schrauben ohne Schlitze, die mit einem Schraubenschlüssel eingedreht werden.

Neben den Schrauben: ein Schraubenzieher (er heißt eigentlich ‚Schraubendreher'). Seine flache Spitze muß immer so breit sein wie der Schraubenkopf. Ist sie schmaler, beschädigt man den Schraubenschlitz. Auch ist das Eindrehen der Schrauben wegen der geringeren Hebelwirkung mühsamer. Der Schraubenzieher wird so gehalten, wie die Schraube verläuft, senkrecht oder waagerecht, nie schräg (Foto unten).

Das Yo-Yo besteht aus einer flachen Holzspule und einem mit einer Kerze gewachsten Faden. Man kann ein solches Yo-Yo aus zwei Holzrädern basteln oder auch das ganze Spielzeug selbst aussägen. Das Arbeitsgerät ist oben abgebildet. An Material braucht man zwei etwa handgroße Holzstücke aus Linde, Kiefer, Fichte, Tanne oder dickerem Sperrholzmaterial. Buchenholz – es sieht rötlich aus und hat eine schwache Maserung – ist nicht so geeignet, weil es sich mit der Laubsäge schwer bearbeiten läßt. Außer den Holzstücken braucht man noch ein Stück Rundholz (Dübelholz), etwa so dick wie ein kleiner Finger oder etwas dünner. Es muß dreimal so lang sein wie eines der Holzstücke dick ist. Zuerst sägt man zwei kreisrunde Scheiben aus, durchbohrt sie in der Mitte, und sägt in jede

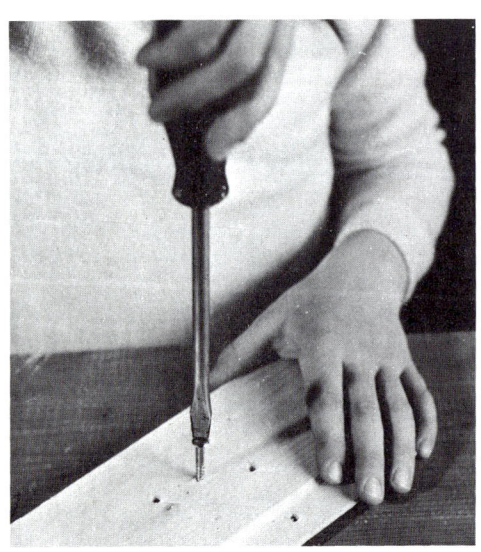

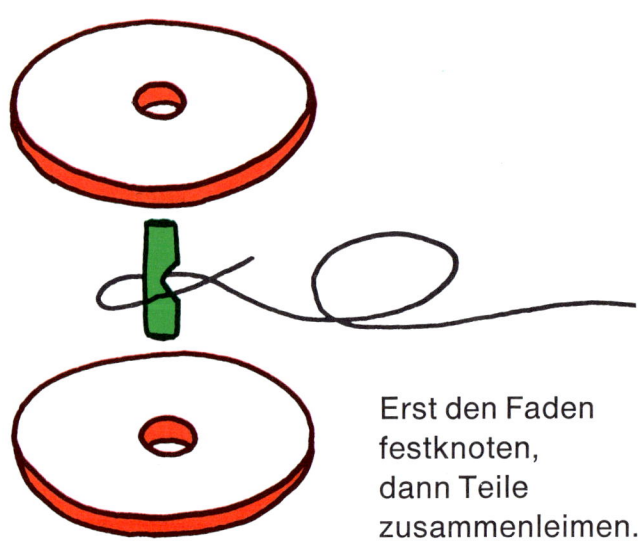

Erst den Faden festknoten, dann Teile zusammenleimen.

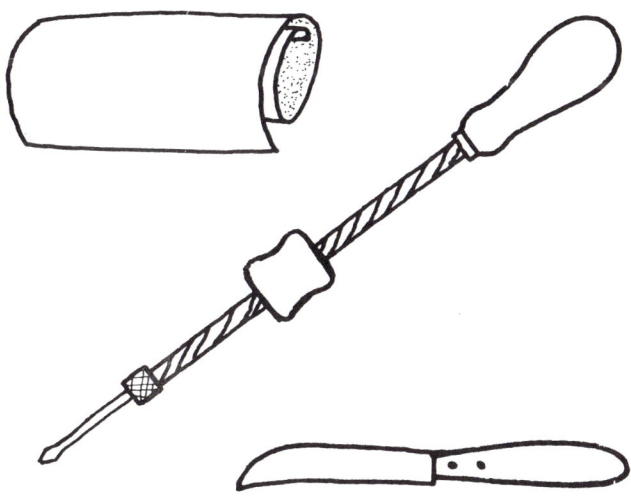

Scheibe ein Loch, das etwas kleiner ist als der Dübel dick. In der Mitte wird der Dübel etwas eingekerbt und an den Enden so beschnitzt, daß er stramm in die gesägten Löcher paßt. Bevor man die Teile zusammenleimt, wird der Faden stramm um den Dübel geknotet. Dann schleift man das Holz und malt es an. Hier ein paar Vorschläge dazu.

Kugelschleuder

Es ist leichter eine Kugelschleuder zu bauen, als die Kugel von einem Fänger in den anderen zu schleudern (das geschieht durch Fingerdruck auf das Ende der oberen Leiste).

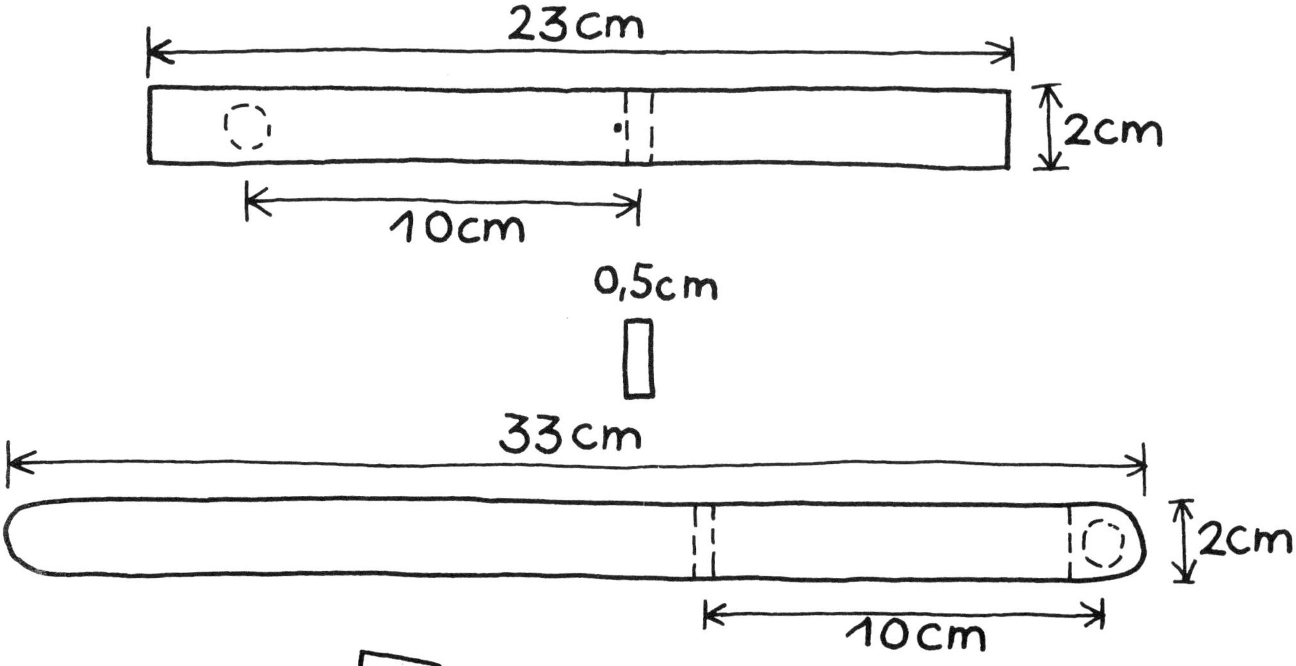

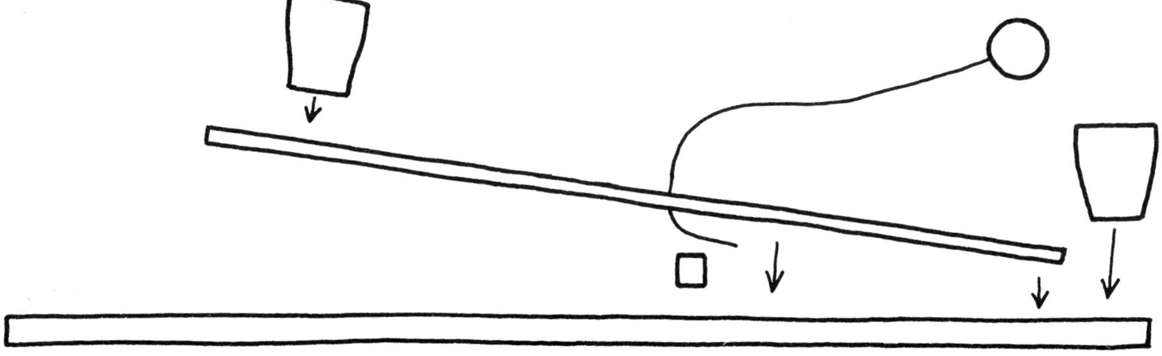

Werkzeug und Bearbeitungsmaterial sind oben abgebildet, unten stehen die Angaben für Leisten und Zubehörteile, die zum Bau der Schleuder nötig sind. Die kürzere Leiste (23 cm) darf nur 2 bis 2 1/2 mm stark sein, weil sie federn soll. Die lange Leiste kann beliebig stark sein. Außerdem braucht man noch einen 2 cm langen Abschnitt von einer Vierkantleiste mit quadratischem Querschnitt (siehe Seite 5, Foto unten), die 1/2 x 1/2 cm (man sagt auch ‚0,5 cm' oder ‚5 mm') stark ist, sowie zwei Holzglocken (im Bastlergeschäft als Rohlinge zum Bemalen zu kaufen) und eine Holzkugel, die in die Glockenöffnung paßt (Öffnung eventuell etwas nacharbeiten). Die Glocken dienen als Kugelfänger. Wer sie nicht bekommt, schnitzt sich zwei aus einem Astabschnitt. Näheres über das Schnitzen auf Seite 54 und 55.

Das Größenverhältnis erkennt man auf der Zeichnung unten und auf den Fotos rechts. Die Höhlung muß so groß sein, daß die Kugel leicht hineinpaßt. Dann brauchst du noch ein Stück Paketbindfaden, Drachenschnur (oder ähnliches) von 15 cm Länge. Die zugeschnittenen Leisten werden geschliffen. Man kann die untere Leiste an den Ecken abrunden, nötig ist das aber nicht. Die Glocken werden oben abgesägt, so daß sie flach sind. Eine Glocke wird mit der Öffnung nach oben an das Ende der längeren Leiste geleimt, und zwar genau dort, wo in der Zeichnung ein Kreis markiert ist. Nun werden 10 cm von dieser Klebstelle zur Mitte hin gemessen und markiert (siehe gestrichelte Querlinien auf der mittleren Zeichnung). Auf diese Markierung leimt man den Abschnitt der kleinen Vierkantleiste. Die zweite Glocke (oder der selbstgeschnitzte Kugelfänger) wird auf die Kreismarkierung der kürzeren Leiste geleimt. 10 cm von dieser Klebstelle (zur Mitte hin gemessen) werden zwei Querlinien auf der Unterseite der Leiste gezogen. Unmittelbar neben diese Linien bohrt man ein Loch und fädelt von oben (Kugelfängerseite) nach unten das Ende des Fadens so durch, wie auf der unteren Zeichnung zu sehen. Das aufgeleimte Klötzchen und die Quermarkierung unterhalb der kurzen Leiste werden mit Pattex bestrichen. Ist der Kleber fingertrocken, drückt man die Teile genau zusammen, und klebt dabei das Fadenende, das man zur Seite biegt, mit fest. Das freie Ende (ohne Kugelfänger) der kleinen Leiste wird danach auf die darunterliegende lange Leiste geklebt (siehe Pfeil rechts in der unteren Zeichnung). Die Kugel wird angebohrt und der Faden so eingeklebt, daß die Kugel genau die Kugelfänger erreicht.

Strickapparat

Zwei Leisten, zwei Klötzchen und 21 Nägel – mehr braucht man nicht, um einen kleinen Strickapparat zu bauen, mit dem man Schals, Mützen und vieles mehr stricken kann. Wie man strickt steht neben den Fotos rechts oben.
Hier die Bauanleitung:
Die Leisten sollen etwa 1,5 x 1,5 cm stark und jeweils 43 cm lang sein. Es macht nichts, wenn sie etwas breiter sind, nur dünner sollten sie nicht sein. Die Klötzchen zwischen den Leisten sollen etwa 5 cm lang und 1 x 1,5 cm stark sein. Hast du stärkere Leistenstücke, kannst du sie mit Hilfe von Messer und Hammer (siehe Seite 48 unten) spalten. Alle Teile müssen besonders sauber geschliffen werden, sonst bleibt man mit dem Garn am rauhen Holz hängen. Die Klötzchen werden so zwischen die Leisten geleimt wie es die Zeichnung zeigt. Dazu verwendet man Pattex oder Ponal. Nun wird das Holz angestrichen. Das geht sehr gut mit Deka Ziermatt. Die Nägel – es müssen dünne Drahtstifte von etwa 15 mm Länge mit kleinen Köpfen sein – werden wie folgt eingeschlagen: man beginnt bei der vorderen Leiste, 9 cm vom linken Ende, mit dem ersten Nagel. Dann schlägt man in Abständen von jeweils 2,5 cm 10 weitere Nägel schön gerade ein. Sie sollen knapp 1 cm hervorstehen. Bei der hinteren Leiste schlägt man den ersten Nagel genau gegenüber der Lücke ein, die zwischen den beiden Anfangsnägeln der vorderen Leiste besteht.

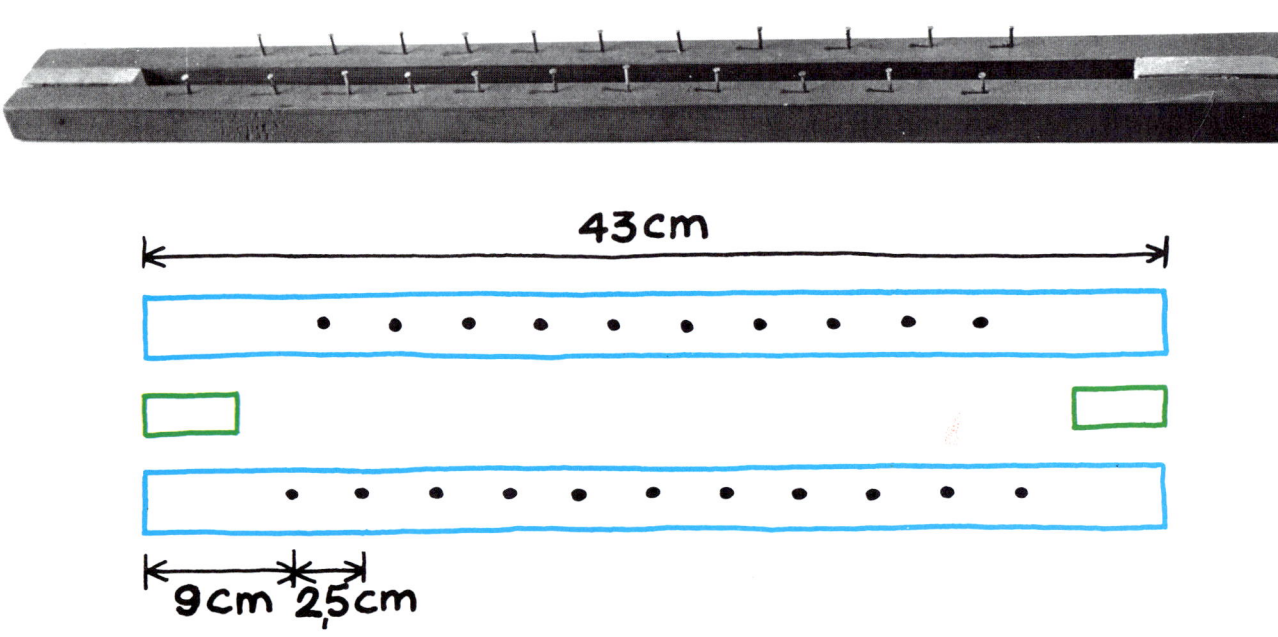

In Abständen von je 2,5 cm folgen die restlichen 9 Nägel.

Zuerst knotet man das Ende des Arbeitsfadens links um das Klötzchen zwischen den Leisten. Dann spannt man den Faden von Nagel zu Nagel, immer außen herum und wechselnd von der einen Nagelreihe zur anderen. Es gibt viele Möglichkeiten den Faden zu spannen. Unten siehst du ein paar Vorschläge, die alle verschiedene Muster ergeben. Hast du alle Nägel umspannt, wendest du am Ende um den letzten Nagel. Dann spannst du den Faden in gleicher Weise zurück, hebst nun aber jedes Mal mit einer Stricknadel die darunter liegende Schlaufe von außen nach innen (zum Schlitz zwischen den Leisten) über den neu gespannten Faden und den Nagelkopf. So arbeitest du immer weiter hin und her. Nach kurzer Zeit wächst zwischen den Leisten durch den Schlitz das Gestrick unten heraus. Bestimmt wirst du bald neue Fadenspannungen und damit neue Muster erfinden.

Und so wird gestrickt:

Nachdem man den Faden an einem der Endklötzchen festgeknotet hat, spannt man ihn um die Nägel wie hier gezeigt.

Die oben gezeigte Fadenspannung ergibt ein dichtes Rippenmuster. Diese Spannung ergibt ein verdrehtes Rippenmuster.

Lockerer wird das Gestrick bei dieser Fadenspannung. Mann kann auch reihenweise verschiedene Fadenspannungen anwenden.

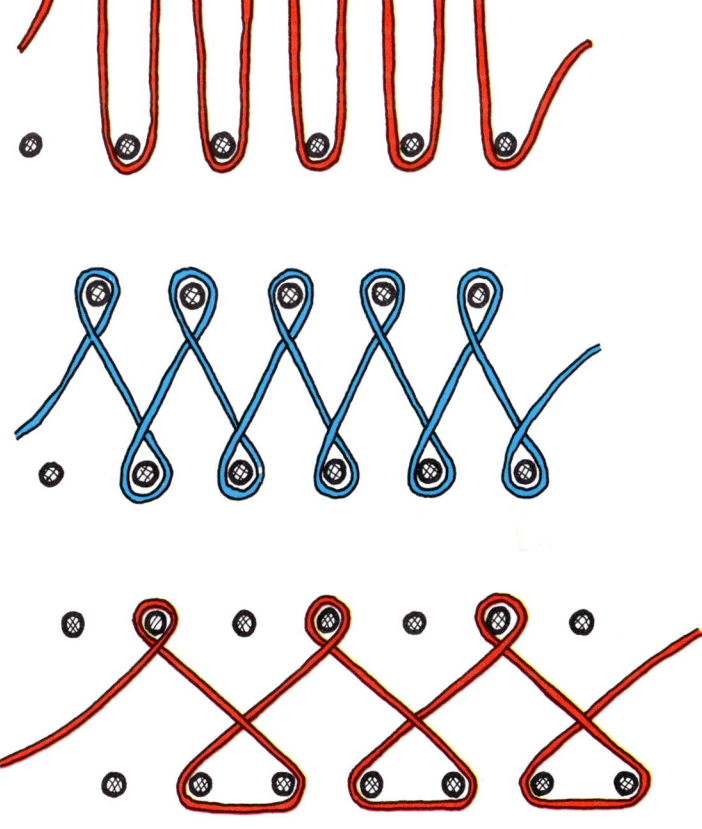

Turner am Reck

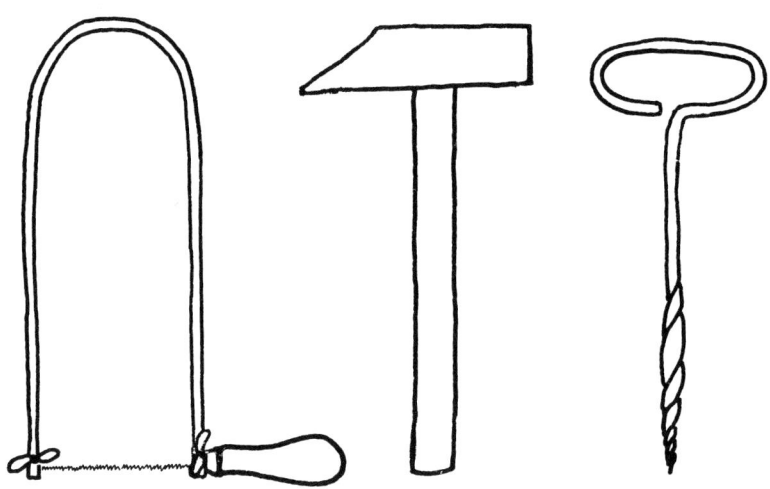

Salto vorwärts, Salto rückwärts, Riesenwelle und Handstand sind für den Turner, den du rechts auf dem Foto siehst, kein Problem. Du brauchst nur die Enden der Reckstangen zusammenzudrücken, und schon turnt er dir etwas vor. Aber oft macht er was er will, nicht das, was du willst. Das lustige Spielzeug ist einfach nachzubauen. Man braucht wenig Werkzeug, und das Material – Sperrholz- und Holzleistenreste – wirst du dir sicher beschaffen können. Zwei kleine Nägel (dünne Drahtstifte) und ein Stück Zwirnsfaden oder ähnliches Material sowie zwei Stücke dünnen Draht (Harnadel) gehören noch dazu. Wenn du keinen Draht auftreiben kannst, brauchst du als Ersatz vier kleine Perlen.

Übertrage die Figur-Umrisse von der Zeichnung rechts auf das Holz und säge sie aus. Arm und Bein müssen zweimal ausgesägt werden. Bohre nun an den mit einem Punkt gekennzeichneten Stellen kleine Löcher: 1 in jedes Bein, 2 in den Körper und 3 in jeden Arm. Schleife das Holz und male die Teile lustig an. Die Beine befestigst du am Körper, indem du durch die dafür vorgesehenen Löcher ein Stück Draht schiebst und beide Enden mit einer Flachzange zu Ösen biegst. Mit einer Schere, um deren

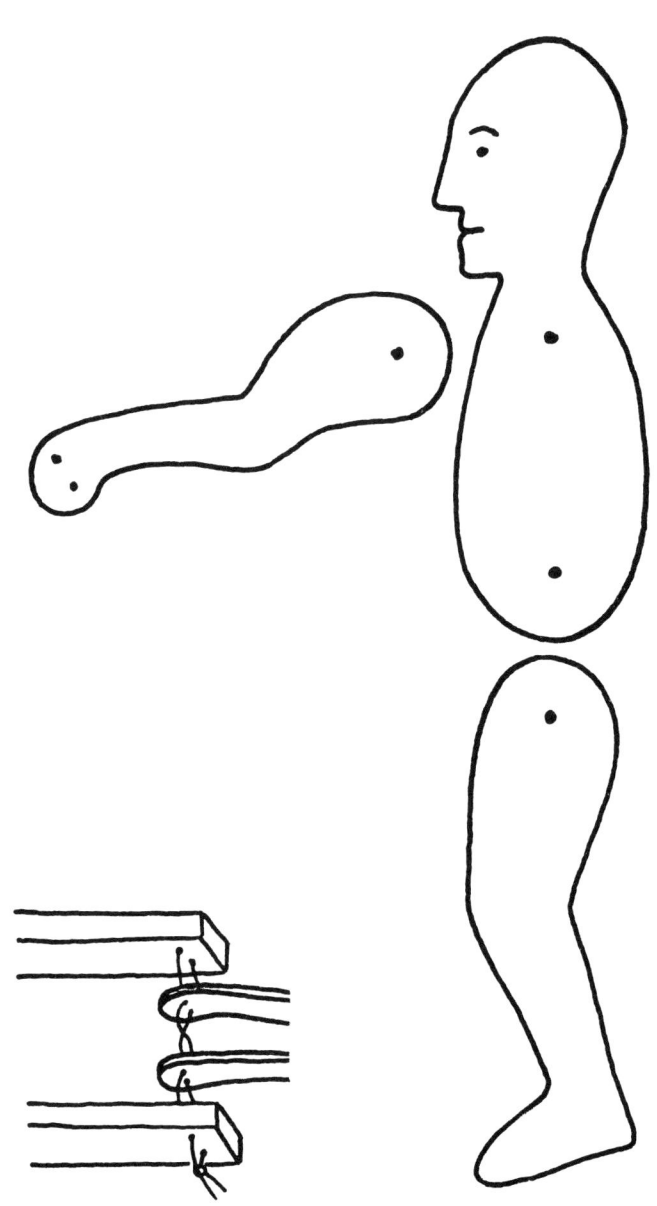

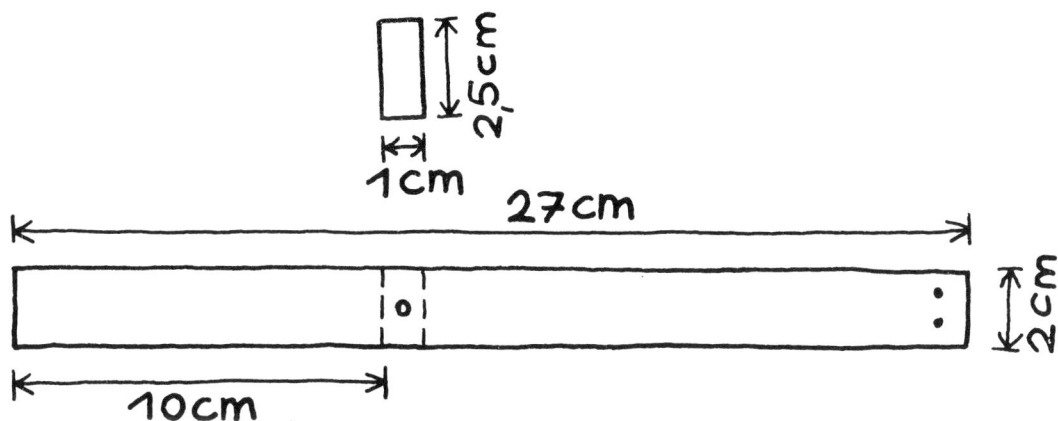

Spitzen man den Draht windet, geht's notfalls auch. Die Arme werden genau so befestigt. Wenn du keinen Draht hast, ziehst du stattdessen einen Faden durch die Löcher und verknotest ihn auf beiden Seiten mit je einer Perle. Nun folgt das Gestell: Säge zwei 27 cm lange Leisten aus etwa 2 cm breitem, 1/2 cm starkem Holz. Bohre in das eine Ende jeder Leiste zwei Löcher, markiere jeweils 10 cm vom anderen Ende eine Querlinie und 1 cm daneben noch eine (Zeichnung oben rechts). Säge ein Klötzchen von 1 cm Stärke und 2,5 cm Länge zu und nagele es an der mit den beiden Querstrichen markierten Stelle zwischen die Leisten. Jetzt kannst du auch das Gestell anmalen, wenn du magst. Fädele zum Schluß den Zwirnsfaden so durch die Leistenlöcher und die Bohrungen in den Turner-Händen wie auf der kleinen Zeichnung unten auf Seite 30 gezeigt. Ziehe den Faden straff und verknote die Enden gut.

Klapperschlangen

oder

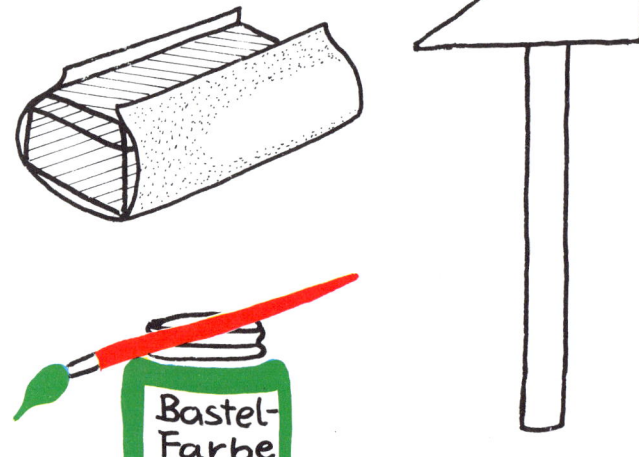

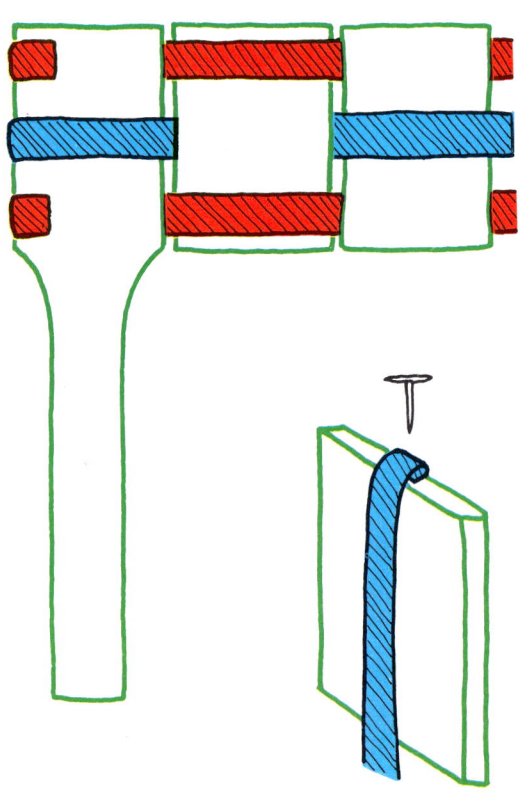

Klapperschlangen, auch ‚Wasserfall' genannt, gehören zu den Trickspielzeugen, weil ihre Funktion auf einem Trick beruht. Faßt man das erste Plättchen der Schlange oder den Stiel – je nach Art des Spielzeugs – mit einer Hand und kippt es abwechselnd auf- und abwärts, so klappen die anderen Plättchen unaufhörlich von oben nach unten. Aus den Zeichnungen links kannst du ersehen, woher das kommt: über und unter den Plättchen laufen Leinenbänder entlang, und zwar läuft ein Band genau in der Mitte abwechselnd über ein Plättchen, unter dem nächsten entlang, dann wieder drüber und drunter bis zum Ende. Zwei weitere Bänder laufen nahe an den oberen bzw. unteren Kanten der Plättchen entlang, ebenfalls drüber und drunter, jedoch in entgegen-

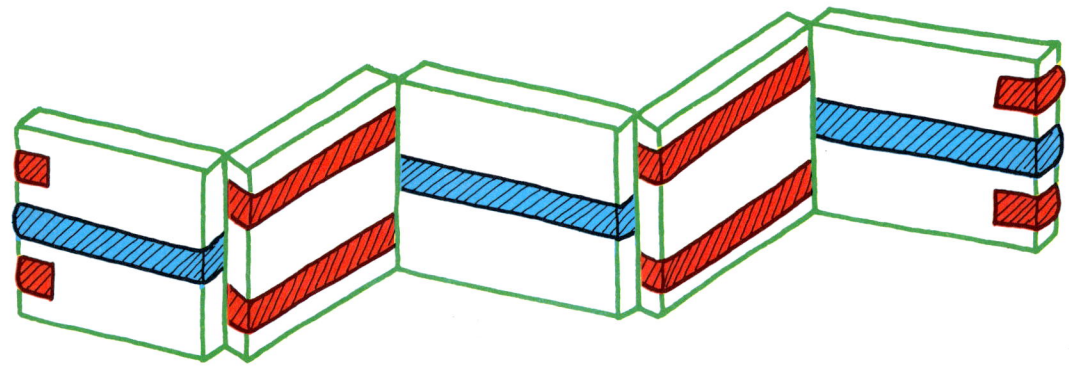

gesetzter Folge wie das Mittelband: dort, wo der einzelne Streifen über ein Plättchen läuft, führen die zwei anderen unter dem Plättchen entlang. Beim nächsten Plättchen liegen die beiden Bänder oben und das eine mittlere Band liegt auf der Rückseite. Was die Größe der Plättchen betrifft, so hat man da ziemlich freie Wahl, sie müssen aber immer rechteckig und bis auf das Anfangsplättchen, das auch ein Griffende, einen Schlangenkopf o. ä. haben kann, genau gleich groß sein. Die Länge der Schlange kann man durch die Anzahl der Plättchen bestimmen, jedoch sollte man es nicht übertreiben. Bei einer sehr langen Schlange ermüdet die Hand rasch, weil man sie besonders hoch halten muß und die Schlange außerdem recht schwer ist. Damit du einen Anhaltspunkt hast, hier die Maße der abgebildeten Schlangen: die Plättchen der kleinen Schlange sind 6 x 5 cm groß, die der mittleren 8 x 5 cm und die der oberen 7 x 4 cm. Das Anfangsplättchen, das in einem Stiel ausläuft, mißt 20 x 4 cm. Zum Herstellen dieses Spielzeugs eignet sich am besten weiches Laubholz (Fichte, Linde), weil es beim Einschlagen der Nägel nicht so leicht splittert. Das Leinenband (Wäscheband mit fester Webkante, kein Schrägband) sollte etwa 1/2 cm breit sein. Man kann auch Kunstseidenband nehmen, wie es für Geschenkpäckchen verwendet wird. Die Bandmenge berechnet man so: Länge der Plättchen, z. B. 7 cm, plus Zugabe für beide Kanten, z. B. 2 x 1 cm = 2 cm (zweimal die Holzstärke) mal Anzahl der Plättchen, z. B. 10, ergibt zusammen 90 cm. Dazu muß man noch den Einschlag an beiden Enden rechnen, das macht aufgerundet 1 m. Diese Länge muß man mal drei nehmen (für drei Bänder). Die Bänder werden so an den Holzkanten festgenagelt, wie auf der Zeichnung links Mitte zu sehen.

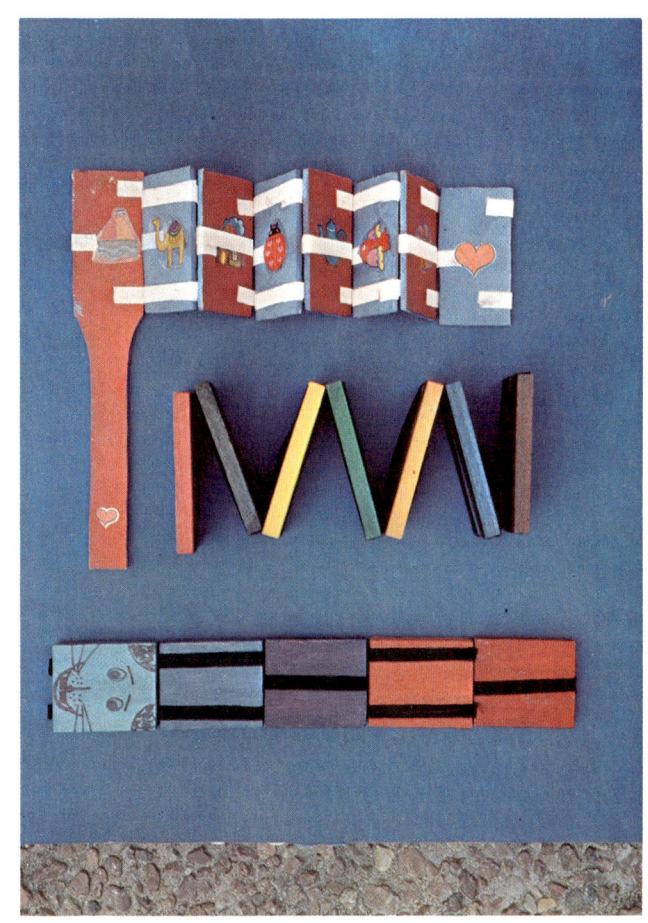

Meisenkasten

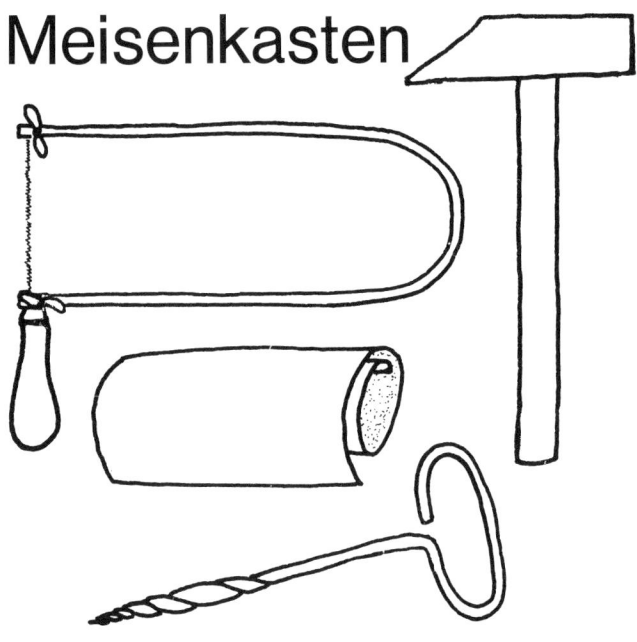

Ein Meisenkasten sollte mindestens 2,50 m über der Erde angebracht werden, sonst nehmen die Vögel den Nistplatz nicht an. Zum Bau des Nistkastens braucht man folgendes Material: 1 gehobeltes Brett, 110 x 12,5 x 1,5 cm (Länge x Breite x Stärke) oder mehrere kleine Stücke, die für die unten angegebenen Maße ausreichen. Ferner ein Stück Rundholz (Dübelholz), 5 cm lang mit 1 cm Durchmesser (das ist die Dicke), 1 Leistenabschnitt, 12 x 2,5 x 1,5 cm, 12 x 4 cm Leder oder Kunstleder, 6 Blaue Kammzwecken (Blaukopfnägel) und 20 etwa 40 mm lange Nägel mit gestauchter Spitze (siehe Kapitel ‚Nageln' S. 23). Alle Maße sind auf die Holzstärke von 1,5 cm abgestimmt. Bei anderer Holzstärke müssen sie entsprechend verändert werden, sonst passen die Teile nicht zusammen.

Zuerst wird das Holz in der unten angegebenen Stückzahl den Maßen entsprechend zugesägt. Die beiden Löcher im Vorderteil werden vorgebohrt und mit der Laubsäge ausgeschnitten. Das Schlupfloch sollte 2,5 cm unter dem oberen Rand beginnen und einen Durchmesser (Zeichen für Durchmesser: ⌀) von 3 cm haben. 2 cm unter dem Schlupfloch soll das Loch für die Sitzstange mit einem ⌀ von 1 cm sitzen, in das zum Schluß das Dübelholz geleimt wird. Die Teile werden wie folgt zusammengenagelt: Seitenteile an Boden, Vorderteil an Seiten und Boden, Rückwand an Seiten und Boden, Überstand oben. Kleine Leiste auf die Seitenschrägen entlang der Rückwand. Mit vier Nägeln eine Seite des Lederstreifens an der 12 cm langen Seite auf den Deckel nageln, die andere Seite des Streifens auf die Leiste. Oberkante des Vorderteils mit Schleifpapier der Schrägung der Seitenwände anpassen.

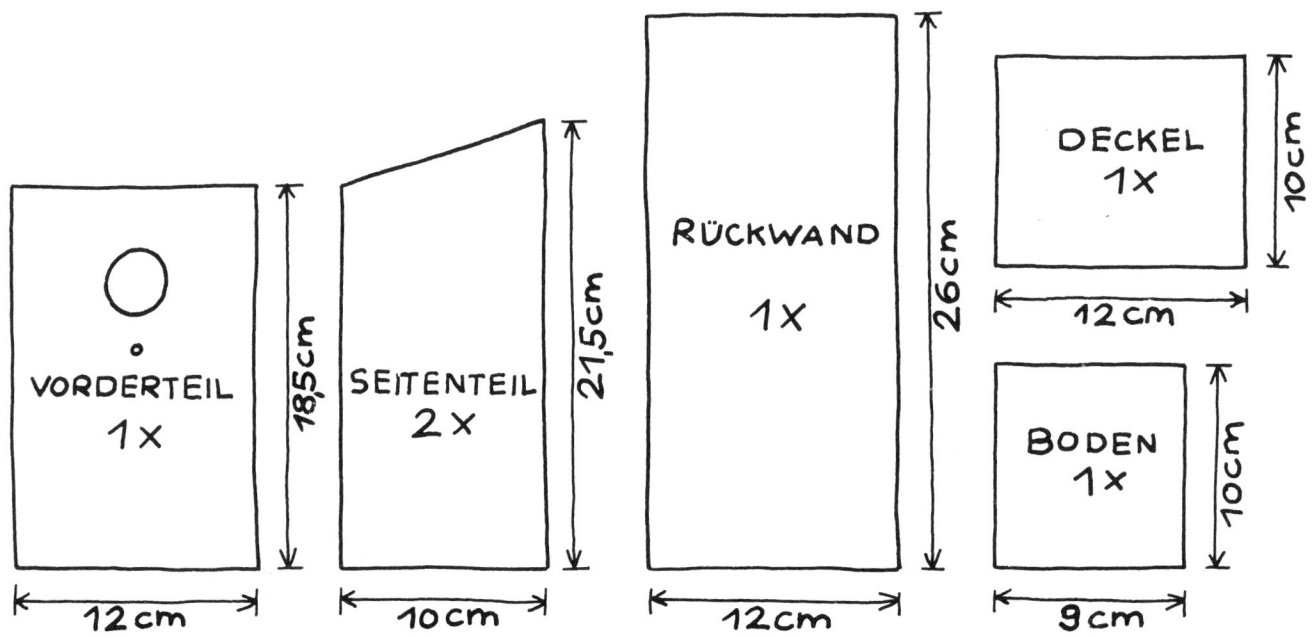

Rollteller

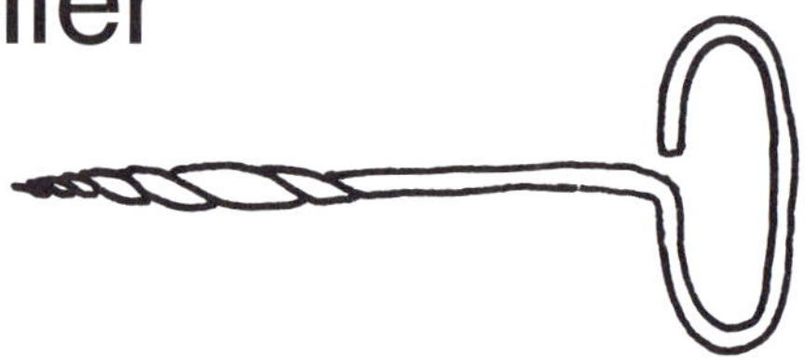

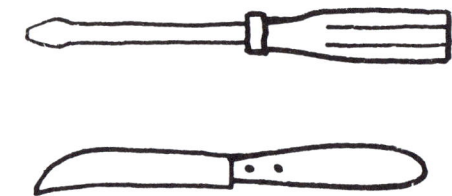

Mit diesem rollenden Tellerbrett, das auf Kugellager-Rollen fährt, kann man allein oder zu zweit viel Spaß haben. Aber man muß aufpassen! Tritt man zu weit nach außen auf den Rand, dazu noch auf ein Stück, das zwischen den Rädern liegt, kippt das Ding. Deshalb sind auch die verschiedenfarbigen Kreismarkierungen angebracht. Rotes Feld heißt ‚Gefahr', blaues ‚Sicherheit' und grünes ‚absolute Sicherheit'. Aber gefährlich ist die ganze Sache sowieso nicht, denn das Brett ist so nahe am Boden, daß man nicht tief fällt.

Wundere dich nicht darüber, daß bei dem oben abgebildeten Werkzeug die Säge fehlt. Die Sägearbeit überläßt du hier ausnahmsweise dem Geschäft, in dem du das Holz kaufst. Laß dich nicht abschieben! Wenn man dir dort das Brett nicht sägen will, gehst du woanders hin. Der Holzteller auf den Fotos hat einen Durchmesser von 39 cm, das Mittelloch ist 3 cm weit. Das Fahrwerk besteht aus vier Möbelrollen mit Kugellagern und anschraubbaren Plättchen. Man findet solche Rollen häufig an ausrangierten Sesseln. Also: den nächsten Sperr-

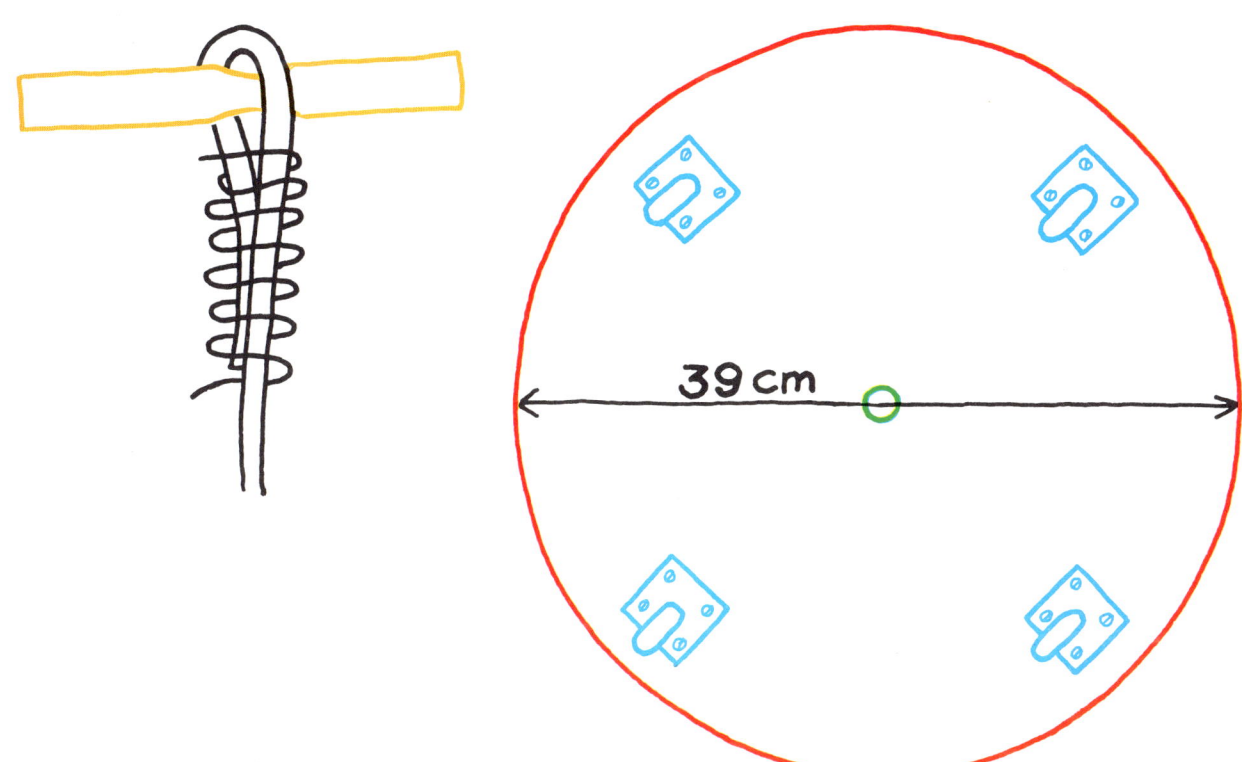

müll-Inspektionsgang nicht ohne Schraubenzieher machen. Und wenn du schon beim Suchen bist: ein 30 cm langes Stück Besenstiel (für den Haltegriff) sowie ein ca. 1,50 m langes, starkes Seil könntest du auch gebrauchen.
Schraube die Räder so unter das Brett wie es die Zeichnung rechts oben zeigt, und male das Brett an. Mache in das eine Ende des Seils einen so dicken Knoten (Ende mehrmals durch dieselbe Schlinge stecken), daß er nicht durch das Loch rutscht, wenn du das Seil nun von unten nach oben durchziehst. Dicht über dem Loch machst du noch einen dicken Knoten. Den Haltegriff aus Rundholz kerbst du in der Mitte etwas ein. Dann windest du das Seil darum und befestigst das herunterhängende Ende, indem du beide Seile zusammen mit nassem Paketbindfaden dicht umwickelst, und zwar von unten nach oben (siehe Zeichnung oben) und wieder zurück. Die Enden verknotest du gut. Nach dem Trocknen des Bindfadens ist die Wicklung ganz stramm. Wenn du willst, kannst du die Wicklung und den Haltegriff noch mit Leder oder Kunststoff bekleben.

Krippenfiguren

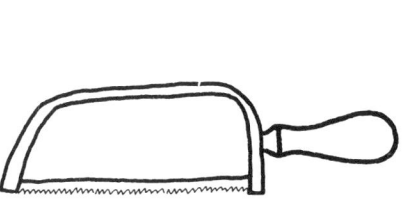

Es gibt unzählige Arten von Krippenfiguren: aus Ton geformte, kunstvoll geschnitzte, aus Wachs gegossene, aus stoffverkleidetem Draht gebogene, aus Papiermaché modellierte, aus Porzellan gebrannte, aus Glas geblasene – um einige zu nennen. Diese hier sind aus Resten von rohen Leisten gesägt und zusammengeleimt. Sie kosten außer Phantasie und Geduld nichts, denn Holzkleber (Weißleim, Alleskleber oder Pattex) hat sicher jeder im Haus. Die Figuren sind ganz bewußt nicht bemalt. Ihr primitives Aussehen soll an die ärmlichen Zustände in Bethlehems Stall erinnern, von denen die Weihnachtsgeschichte erzählt. Man kann die Krippenfiguren in der Größe passend zu dem auf Seite 53 abgebildeten Schafstall basteln. Man sollte außer den Leistenresten, die nicht unbedingt gleich breit und stark zu sein brauchen, noch ein Stück Rundholz für die Köpfe der Figuren haben. Das kann ein Stück Besenstiel sein oder Astholz in entsprechender Stärke. Es kommt bei dieser Arbeit ausnahmsweise nicht auf Schönheit des Materials und handwerklich saubere Verarbeitung an, sondern allein auf die Fähigkeit, die Möglichkeiten zu nutzen, die in den einfachen Materialresten liegen. Ob man einen Klotz hochkant oder quer, schräg oder gerade verarbeitet, die Beine einer Figur seitlich oder unterhalb des Körpers anleimt, ob man eine als Kopf dienende Holzscheibe gerade oder geneigt aufklebt – alle diese Dinge sind für das individuelle Aussehen einer Figur – gleich ob Mensch oder Tier – wichtig.

Bei dieser Kuh wurden zuerst Kopf, Euter und Schwanz zwischen zwei längere Leisten geleimt. Die dazwischen gesetzten Teile müssen gleich stark sein, sonst halten sie nicht. Die oben abgeschrägten Beine sind außen auf den Körper geklebt. Für die Hörner wurde das Holz mit dem Messer gespalten.

Der Esel wurde auf ähnliche Weise zusammengebaut. Hier sitzen Hals und Schwanz zwischen den Leisten. Zwei kleine Leisten, etwas gegeneinander versetzt an den Hals geklebt, bilden Kopf und Ohren. Die Beine aus kurzen, breiten Leisten wurden außen auf die Körper-Leisten geklebt, sie sind nicht abgeschrägt.

Gleiche Holzteile kann man auf unterschiedliche Weise zu einer Figur zusammenfügen.
Links: Kopf und Körper wurden in Seitenansicht zwischen die Arm-Dreiecke geklebt. Die Beine sitzen seitlich am Körper.
Rechts: Kopf und Körper sitzen mit der Breitseite zwischen den Armen. Die Beine sind unter dem Körper angebracht.

Adventsbäumchen

Am Adventsbäumchen rechts hängen 21 Herzen. Mit ihnen zählt man die Wochentage bis Weihnachten, vom 1. Dezember an. Für die Herzen braucht man dünnes Sperrholz (Reste). Die Herzen auf dem Foto wurden aus Käseschachtel-Böden gesägt (2 Herzen aus jedem ovalen Boden), aber solche Schachteln muß man lange vorher sammeln. Für Bäumchen und Fuß nimmt man am besten 10 mm starke Tischlerplatte oder eine Preßspanplatte, 35 x 30 cm groß. Preßspan ist allerdings schwieriger zu sägen.

Das Herz links entspricht der Originalgröße der Herzen vom Foto. Nachdem man die Umrisse auf das Holz übertragen, alle Herzen ausgesägt und an der mit einem Punkt markierten Stelle durchbohrt hat, ordnet man sie so auf dem Holz an, wie auf dem Foto zu sehen. Sie sollen möglichst dicht liegen, das sieht am besten aus. Nun markiert man die Baumspitze sowie die unteren Ecken rechts und links und verbindet die Punkte durch Striche zu einem Dreieck. Darunter wird der Stamm markiert. Er soll 4 cm breit und etwa 8 cm lang sein.

Ist der Baum gesägt, geschliffen und angestrichen, ordnet man wieder alle Herzen wie zuerst darauf an. Durch die Bohrlöcher werden dünne, 15 mm lange Drahtstifte (siehe S. 23) mit kleinen Köpfen eingeschlagen. Dann hebt man die Herzen von den Nägeln, schleift sie und malt sie an. Aus zwei 4 x 4 cm großen Quadraten und zwei 9 x 4 cm großen Rechtecken wird der Fuß wie folgt an den Baumstamm geleimt: vorn und hinten mit der Sägekante gegen den Stamm je ein Quadrat; rechts und links dagegen die Rechtecke. Die Zeichnung unten links zeigt die Anordnung genau: in der Mitte (schraffierte Fläche) sitzt der Baumstamm zwischen den Brettchen.

Rollenhalter

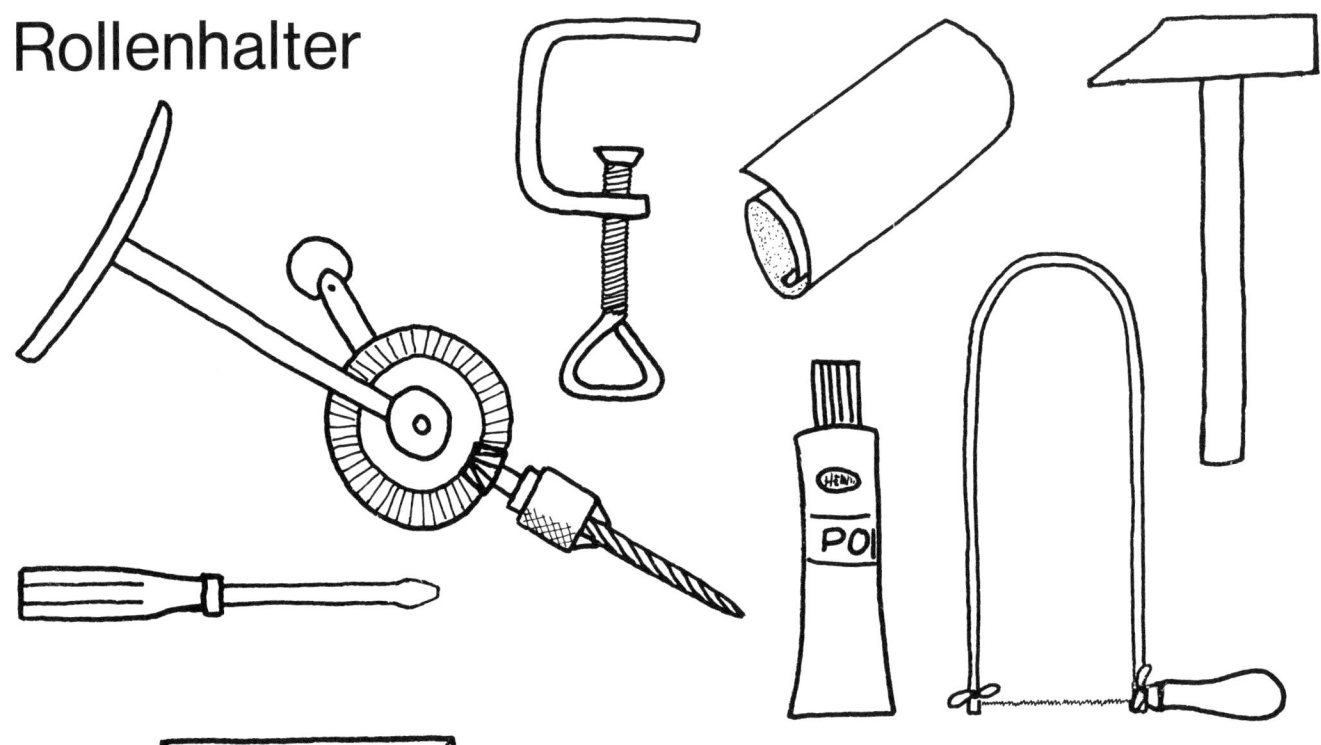

Meistens sind die Plastik-Rollenhalter für Haushaltspapier ein ständiges Ärgernis, weil die Rolle leicht herausfällt, wenn man kräftig am Papier zieht. Bei Rollenhaltern aus Holz, wie sie hier abgebildet sind, kann das nicht passieren.

Der Rollenständer links unten ist selbst für Anfänger leicht herzustellen. An Werkzeug braucht man nur Laubsäge (natürlich mit Sägetischchen), Bohrer und Schleifpapier, an Zubehör Weißleim (Ponal) und eventuell Farbe und Lack. Für das Standbrett nimmt man am besten Linden-, Kiefern- oder Fichtenholz, 14 x 14 cm groß, 15 – 20 mm stark, für den Haltestab 36 cm Rundholz in Besenstielstärke.

Das obere Ende des Rundstabes wird mit Schleifpapier gerundet (s. Foto). Auf das Standbrett zeichnet man über die Diagonale ein Kreuz (Zeichnung oben links) und stellt so den Mittelpunkt fest, den man durchbohrt. Um die Mitte zeichnet man einen Kreis, dessen Durchmesser dem des Rundstabes entspricht. Dazu nimmt man einen Zirkel. Man kann auch das gerade Ende des Stabes auf Papier setzen, es mit dem Bleistift umfahren und den Umriß auf das Holz übertragen. Achtung: den Kreis innerhalb des Strichs aussägen, sonst wird das Loch zu groß! Lieber mit Schleifpapier nacharbeiten. Mit dem flachen Ende wird der Rundstab in dieses Loch geleimt, dann kann alles angestrichen und lackiert werden.

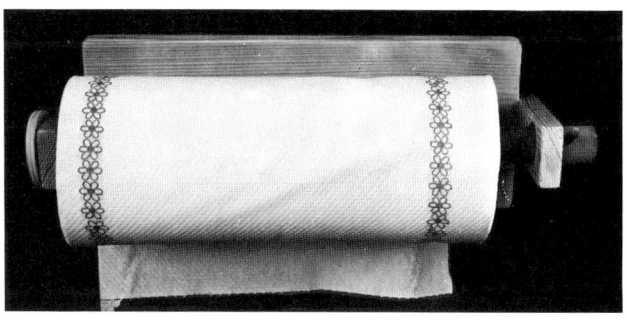

Der Rollenhalter für die Wand besteht aus einem Wandbrett, 30 x 11,5 cm groß, zwei Seitenteilen, 9 x 4 cm groß (Zeichnung in Originalgröße unten rechts) und einer Haltestange von 38 cm Länge, die an einem Ende ein kreisrundes Plättchen, am anderen eine Bohrung und einen Pflock hat. Man macht den Halter am besten aus 10 oder 15 mm starkem Linden-, Fichten- oder Kiefernholz. Buche ist zu schwer zu verarbeiten, weil das Holz recht hart ist.
Die Löcher in den Seitenteilen müssen so groß sein, daß sich der als Haltestange dienende Rundstab (ein Stück Besenstiel eignet sich gut) leicht hindurchschieben läßt. 2 cm von einem Ende gemessen muß der Rundstab mit der Handbohrmaschine durchbohrt werden (siehe Seite 11). Dazu legt man den Stab auf eine Unterlage aus Abfallholz und befestigt beides mit einer Zwinge so an einer Arbeitsplatte, daß man die zu bohrende Stelle gut erreichen kann. In diese Bohrung wird nach dem Zusammensetzen des Rollenhalters ein keilförmig zugeschnitzter Holzpflock gesteckt.
Die Teile werden wie folgt zusammengesetzt: Seitenteile an den markierten Punkten bohren und genau in die Mitte an die Schmalseiten der Rückwand schrauben. Ein kreisrundes Sperrholzplättchen mit ca. 4 cm ⌀ an das ungebohrte Ende der Stange nageln. Stange von außen durch die Seitenteile schieben und mit dem Pflock sichern.

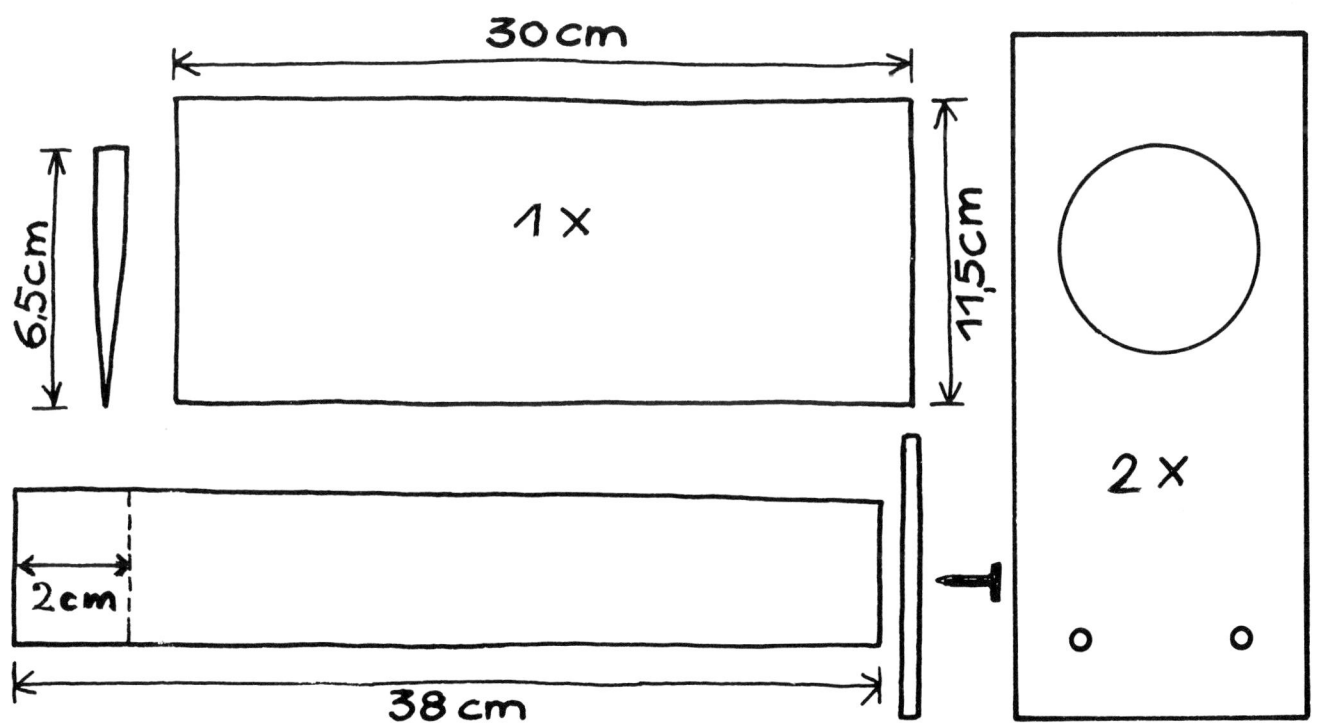

Fabeltier-Marionette

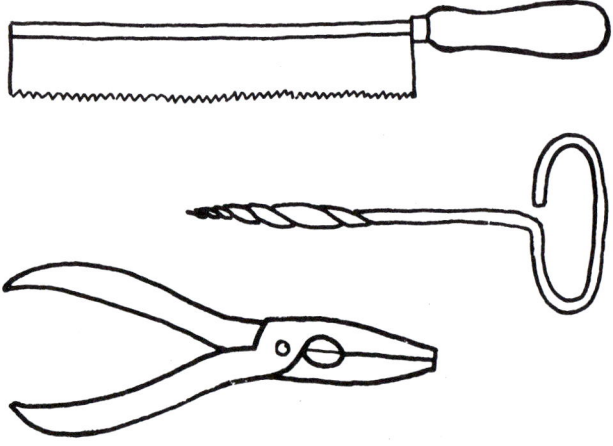

Das kleine Fabeltier auf dem Foto unten ist sehr lebendig, wenn man es an dem Lederband lenkt. Es ist aus lauter Astabschnitten gemacht. Kopf und Beine sind durch kleine Schraubösen miteinander verbunden und am Körper befestigt. Das Lederband – es kann auch eine Kordel, ein Schnürband oder etwas ähnliches sein – ist hinten am Körper und am Kopf ebenfalls in eine Schrauböse geknotet. Auf dem Band sitzt das Mittelstück eines hölzernen Paketträgers. Wie das Tier gemacht wird, kann man leicht auf dem Foto erkennen. Es kommt auch gar nicht darauf an, daß man das gleiche Tier macht, sondern hier sind Ideenreichtum und Zufall entscheidend. Man muß den richtigen Blick für die verschiedenen Astformen und Teilstücke haben, um daraus etwas Lustiges zu machen. Die folgende Arbeitsanleitung soll nur ein Anhaltspunkt für Arbeiten nach eigenen Einfällen sein.

Das Holz, das man irgendwo sammelt, wird mit einer Feinsäge (Zeichnung oben) oder Universalsäge (das ist die kleine Bügelsäge, die auch auf Seite 6 abgebildet ist) in die entsprechenden Längen geschnitten. Zum Verbinden der einzelnen Teile braucht man Schraubösen und -haken. Sie sollen nicht zu kräftig sein, weil man die Haken später biegen muß. In Körper, Beine und Kopf werden kleine (!) Löcher gebohrt. Die Ösen werden in die Bohrungen am Körper geschraubt, die Haken in die anzuhängenden Teile. Dann drückt man die Haken mit der Flachzange zu Ösen zusammen. Vorsicht: die Zange rutscht leicht ab! Zum Schluß knotet man das Band an.

Transportkäfig

Vielleicht hast du einen Hamster, ein Meerschweinchen oder ein anderes Kleintier, das du einmal Freunden oder Bekannten zeigen möchtest? Dann könntest du ihm einen kleinen Transportkäfig bauen, wie er rechts auf dem Foto zu sehen ist. Die Arbeitsanleitung steht auf den nächsten beiden Seiten. Bedenke aber: es ist nur ein Ausgeh-Käfig, kein Dauerquartier für deinen Hausfreund.

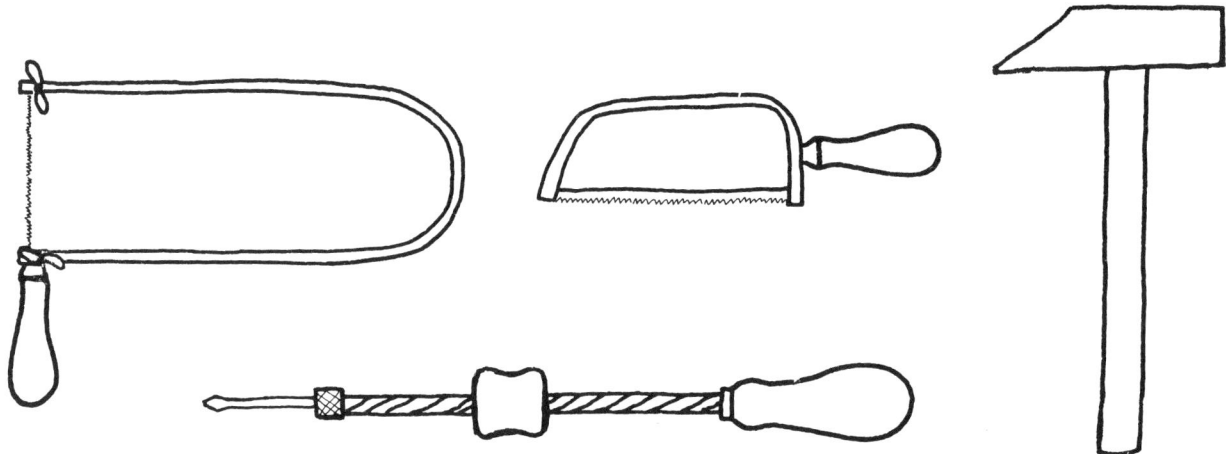

Dies ist eine Arbeit für fortgeschrittene Handwerker-Kinder. Anfänger sollten lieber an einfacheren Arbeiten aus diesem Buch Erfahrungen sammeln. Das benötigte Werkzeug ist oben abgebildet. Die kleine Bügelsäge muß mit einem Metallsägeblatt (nicht teuer) bestückt sein. Außerdem braucht man noch Schleifpapier und Alleskleber. Das Holz für den Kasten sollte 5 mm stark sein, sonst stimmen die angegebenen Maße nicht, und die Teile passen nicht genau zusammen. Außer Brettern braucht man noch Leistenabschnitte mit quadratischem und rechteckigem Querschnitt (die genauen Maße werden später noch angegeben) und 80 cm Zinkdraht, 2 mm stark, für die Gitterstäbe sowie eine Handvoll Drahtstifte, 10 mm lang, zum Nageln des Kastens.

Die Zeichnung links zeigt die Aufsicht auf die Kastendecke und die Leisten für das Schiebegitter. Rechts oben ist die Innenansicht des zusammengebauten Kastens (unter Weglassung der Deckenbohrungen) und darunter die Vorrichtung des Schiebegitters (unter Weglassung der Seitenwände zur besseren Orientierung des Betrachters) zu sehen.

Zuerst werden Bretter und Leisten für den Kasten gesägt: zwei Stücke (Decke und Boden) je 11,5 x 13 cm (Tiefe x Breite), zwei Seitenwände je 11 x 11,5 cm (Höhe x Breite), eine Rückwand, 12 x 13 cm (Höhe x Breite), vier Verbindungsleisten für innen je 10,5 x 1 x 1 cm (Länge x Höhe x Breite). Dann sägt man die Leisten für das Schiebegitter. Teil a: 12 cm lang, 2 x 1 cm stark. Diese Leiste muß mit Schleifpapier auf 11,9 cm gebracht werden, so daß sie zwischen die Seitenwände paßt. Teil b: 10,5 cm Vierkantleiste, 1 x 1 cm stark. Teil d: 13 cm Vierkantleiste, 2 x 1 cm stark. Der Zinkdraht wird mit der Eisensäge (Universalsäge mit Eisensägeblatt) in zwei Stücke von je 11 cm und 6 von je 9,5 cm geteilt und mit dem Hammer gerade geklopft.

Jetzt kommen die Bohrungen. Teil a: in die schmale Kante der hochkant gestellten Leiste 12 mm von jedem Ende entfernt ein Loch. Teil b: waagerecht über die Leistenmitte oder etwas nach hinten versetzt 8 Löcher, das erste 8 mm von einem Ende entfernt, die weiteren 7 in jeweils 13 mm Abstand. Die beiden Löcher an den Enden müssen etwas größer sein, so daß sie sich auf den Stäben leicht hin und her schieben lassen (notfalls mit einem Nagel etwas nacharbeiten). Teil c: in die Vorderkante der 13 cm langen Seite 8 Löcher, die sich mit den Löchern von Teil b decken müssen. 13 mm von der seitlichen Sägekante beginnen, Abstand zwischen den Löchern ebenfalls 13 mm. Außerdem in die Mitte der Kastendecke 2 Löcher mit 6 cm Abstand für den Tragegriff. Teil d: in die breitere Seite der Leiste (flach nehmen) 6 Löcher mit jeweils 13 mm Abstand, das erste Loch 6 mm von einem Ende entfernt.

Mit Hilfe der vier gleichen Leisten den Kasten zusammennageln (Zeichnung oben rechts). Teil a hochkant unten zwischen die Seitenwände nageln. In die beiden Bohrungen einen Tropfen Kleber geben. Teil b auf Teil a legen und die beiden langen Drahtstäbe rechts und links durch die äußeren Bohrlöcher der Decke (c) und des Schiebers (b) in die Bohrungen von Teil a stecken. In die Bohrungen von Teil b Alleskleber tropfen und die restlichen Stäbe durch Teil c in Teil b einsetzen. In die Löcher von Teil d Kleber geben und die oberen Stabspitzen hineindrücken. Kasten auf der Rückwand liegend trocknen lassen. Zum Schluß ein Tragband aus Leder oder Perlonkordel einknoten.

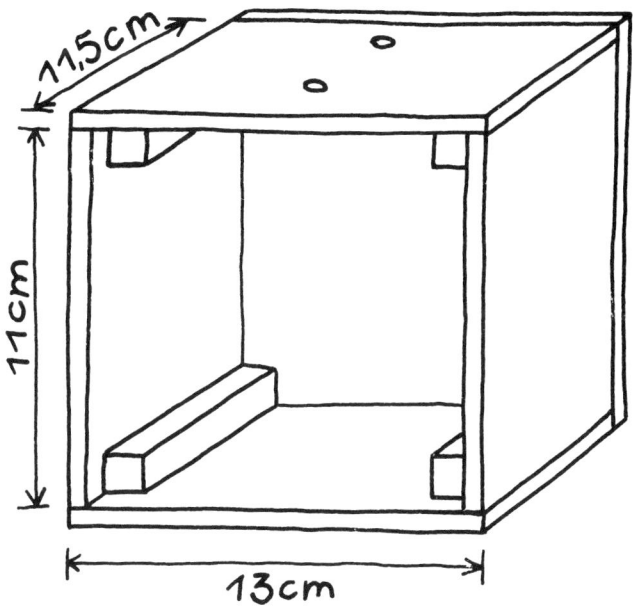

So wird der Käfig zusammengebaut: oben und unten an jede Seitenwand eine Vierkantleiste nageln. Die Leisten müssen mit der hinteren Sägekante der Seitenwände abschließen. Dann Boden und Decke, zum Schluß die Rückwand dagegen nageln.

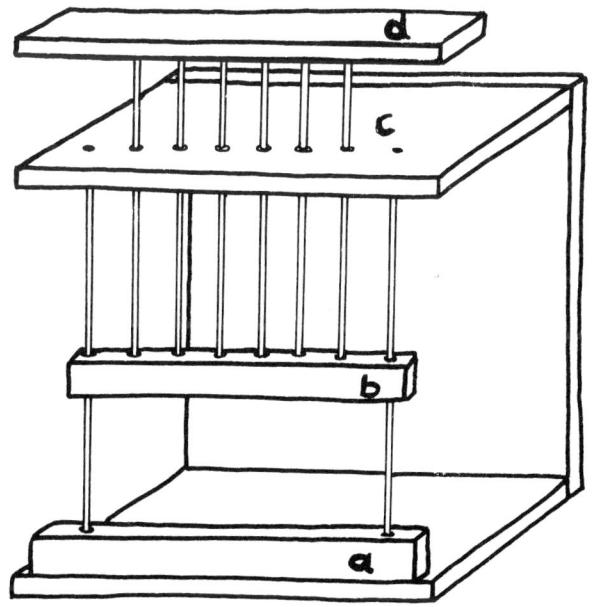

So wird das Schiebegitter in den fertigen Käfig (hier ohne Seitenwände gezeigt) eingesetzt: lange Stäbe durch die äußeren Löcher von c und b nach a. Kurze Stäbe durch c nach b. Leiste d auf die überstehenden Stabspitzen setzen.

Eierständer

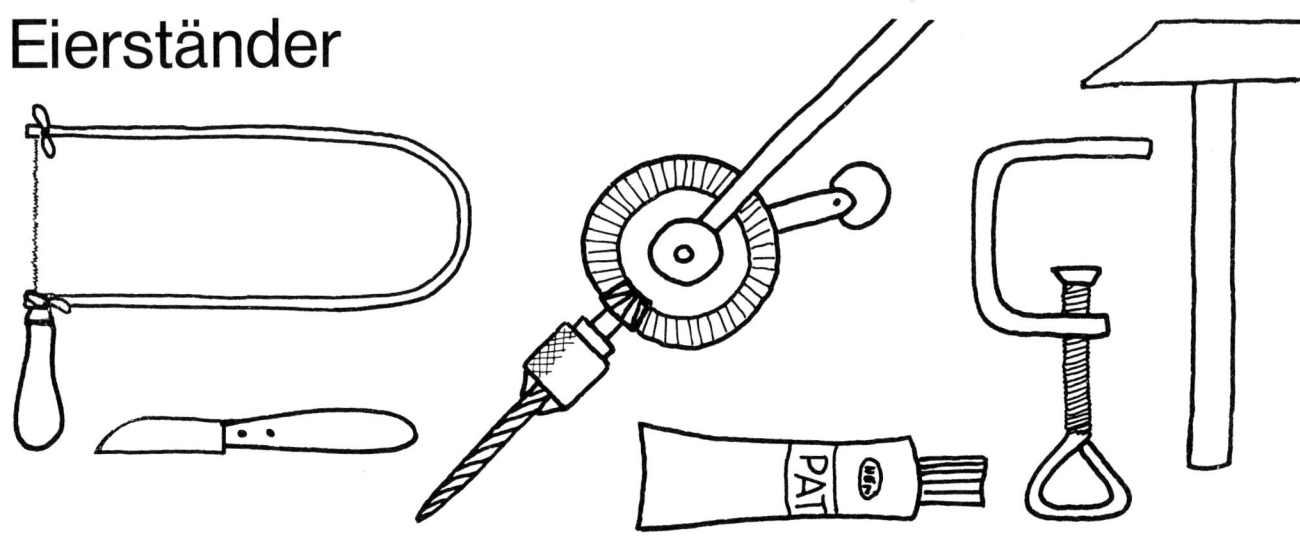

Für den Eierständer rechts braucht man außer dem oben gezeigten Werkzeug und einem Zirkel folgendes Material:
20 x 20 cm Sperrholz, 3 – 4 mm stark, 7 x 7 cm Linden-, Kiefern- oder Fichtenholz, 12 – 15 mm stark, und ein Stück Holz von gleicher Sorte und Stärke, aus dem man die Henne (rechts oben auf S. 49) aussägen kann.
Ferner einen 9 cm langen Rundstab, 5 mm stark, und 7 größere Holzperlen. Die Sperrholzplatte wird kreisrund gesägt. Dann markiert man, wie rechts auf der Zeichnung zu sehen, acht Punkte für die Eier-Löcher, die einen Durchmesser von 3,5 cm haben sollen, und sägt sie aus. In die Mitte der Scheibe bohrt man ein knapp 5 mm großes Loch, ebenso in das aus dem 7 x 7 cm großen Brett kreisrund zugesägte Fußteil. Die ausgesägte Henne befestigt man mit einer Zwinge so auf der Arbeitsplatte, daß man sie in der unteren Mitte (siehe gestrichelte Linien) 15 mm tief anbohren kann. Dabei muß man den Bohrer genau waagerecht halten. Dann leimt man alles so zusammen, wie auf der kleinen Zeichnung auf Seite 49 zu sehen.
Den Schwanz der Henne beklebt man nach dem Anmalen mit halbierten Perlen. Das Zerteilen der Perlen wird rechts gezeigt: man setzt ein Messer auf die Perlenbohrung und schlägt mit dem Hammer drauf.

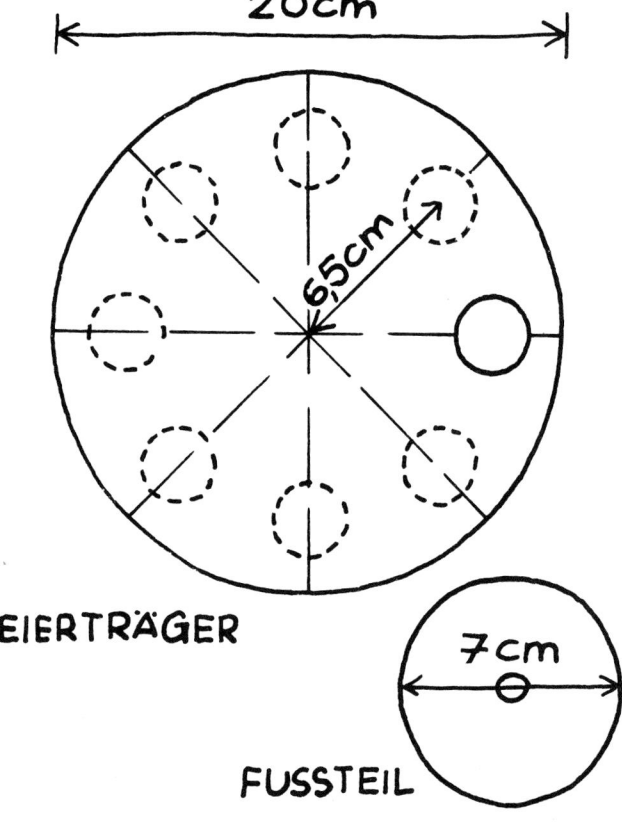

EIERTRÄGER

FUSSTEIL

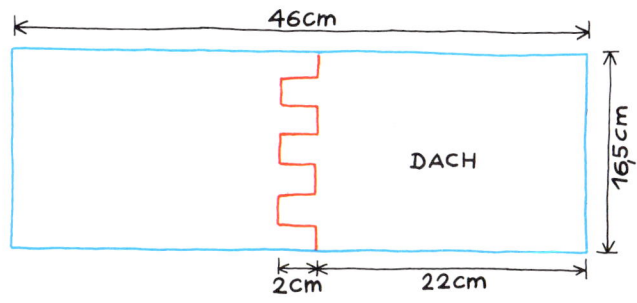
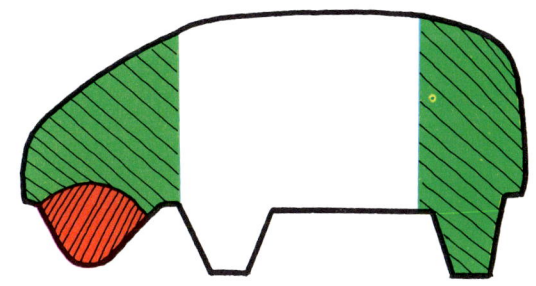

die Zeichnung unter diesem Text. Nun wird die Sperrholzplatte genau auf die dicke Bodenplatte geleimt. Die vier Rundholzabschnitte sägt man rechtwinklig so aus, wie auf der Zeichnung S. 52 links zu erkennen. Die Ausschnitte sollen 1,5 – 2 cm tief sein. Dann leimt man die vier Dachträger so in die Ecklöcher der Bodenplatte, daß die rechtwinkligen Aussparungen einander auf den Längsseiten gegenüberstehen (Seite 52 links unten). Für die Stallwände sägt man je 2 Teile von 4 x 12 und 4 x 20 cm Länge. Von einem der längeren Stücke wird eine 7 cm breite Stalltür so abgesägt und dann mit einem Nagel wieder befestigt, wie auf Seite 52 unten rechts zu sehen. Das Sägen um die Ecke wird auf den Seiten 8 und 10 näher beschrieben.

Für das Dach sägt man eine 10 mm starke, 46 x 16,5 cm große Platte so in zwei Hälften, daß sich eine Verzahnung ergibt. Die Sägelinie ist oben auf der Zeichnung zu sehen. Man beginnt 22 cm von der rechten schmalen Schnittkante entfernt. Die Zähne sollen etwa 2 cm lang sein. Ihre Breite rechnet man sich vorher aus. Alle gesägten Teile werden geschliffen. Besonders die Dachverzahnungen müssen später leicht ineinander passen. Die Stallwände werden in der aus der Zeichnung unten ersichtlichen Anordnung auf die Bodenplatte geleimt. Dann steckt man die Dachhälften zusammen und legt sie auf die Träger. Der Stall ist fertig. Die Schafe sägt man aus 15 mm starkem Weichholz (Linde, Fichte) aus, schrägt die grün und rot schraffierten Flächen mit einem Raspel oder Schleifpapier zum Kopf und Schwanzende hin ab, und schleift danach die rot schraffierte Stelle noch etwas flacher. Dann malt man sie an.

Schnitzen

   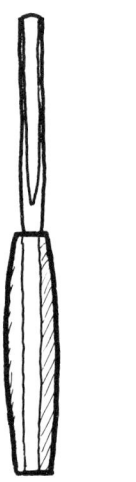

Hier soll vom handwerklichen Schnitzen die Rede sein, nicht vom gelegentlichen Dekorieren eines Spazierstocks mit dem Taschenmesser.

Der Umgang mit scharfen Schnitzwerkzeugen ist nicht gefährlicher als der Umgang mit Messer und Gabel, wenn man weiß, wie die Werkzeuge gehandhabt werden. Die Handhaltung ist das wichtigste bei dieser Arbeit. Nicht allein wegen der Sicherheit, sondern auch, um rasches Ermüden der Hände zu vermeiden.

Man unterscheidet zwei Arten von Schnitzwerkzeugen: Schnitzmesser und Schnitzeisen.

Das Schnitzmesser ist nur für kleinere Sachen geeignet. Es ähnelt einem Küchenmesser, jedoch hat es eine kürzere Klinge und einen längeren Griff, ‚Heft' genannt. Auf der gezeichneten Zusammenstellung oben ist links ein solches Messer zu sehen. Schnitzeisen (ebenfalls Zeichnung oben) gibt es in vielen Klingenprofilen und Breiten. Die drei wichtigsten sind: Flacheisen, auch ‚Geradeisen' genannt (2. Werkzeug von links auf obiger Zeichnung), Hohleisen (daneben) und Geißfuß (ganz rechts). Auf der Zeichnung ist über den drei Schnitzeisen das Profil angegeben. Es entspricht der Schnittspur, die das jeweilige Eisen auf dem Holz macht. Je nach Handhaltung (z. B. nach rechts oder links etwas gedreht, steiler oder flacher) verändert sich die Spur, sie wird tiefer oder breiter.

Das Flacheisen hat ein leicht geschwungenes breites Profil (Schneidekante von vorn betrachtet), das Hohleisen sieht U-förmig aus und der Geißfuß wie ein V. Für den Anfang kommt man mit einem 14 mm breiten Flacheisen und einem 7 mm breiten Hohleisen gut aus.

Die richtige Führung der Schnitzwerkzeuge ist wichtig. Die einfachste Technik ist das Schnitzen mit dem Messer in freier Klingenführung. Das heißt, man schnitzt vom Körper weg, wobei man das Holz mit der einen Hand so hält, daß sie nicht vor der zu schnitzenden Stelle liegt. Mit der anderen Hand schiebt man die Holzspäne mit dem Messer ab. Auf diese Weise lassen sich aber nur einfache Arbeiten mit groben Umrissen ausführen.

Das Schnitzen mit dem Messer auf den Körper zu (Foto rechts oben) erlaubt feinere Arbeit. Auch hier hält man das Holz mit der einen Hand stets so, daß die Finger außerhalb der Schnitzfläche liegen. Mit vier Fingern der schnitzenden Hand umfaßt man möglichst kurz die Klinge (nicht nur das Heft) des Messers. Mit dem Daumen hält man das

Holz der Schnitzrichtung entgegengesetzt so, daß man sich nicht verletzen kann, wenn das Messer einmal abrutschen sollte.
Auch die Schnitzeisen faßt man an der Klinge an (das Heft ist später wichtig, wenn man mit Eisen und Klüpfel – das ist ein Bildhauerhammer – an großen Werkstücken arbeitet). Der Handballen soll während des Schnitzens stets auf dem Holz liegen. Dadurch kann man das Werkzeug genauer führen und verhindert, daß man damit abrutscht. Die andere Hand hält den Holzklotz so, daß die Finger außerhalb der Schnittrichtung liegen (Foto unten).
Nicht immer kann man sich das Holz zum Schnitzen aussuchen. Ideales Material ist Lindenholz, denn es ist weich aber dennoch fest genug, es hat eine schöne Maserung und fasert nicht. Auch frisches Weidenholz läßt sich gut schnitzen. Für Ungeübte am wenigsten geeignet sind Buche, Ahorn und Eiche. Diese Hölzer sind sehr hart.
Der Faserverlauf des Holzes spielt beim Schnitzen eine große Rolle. Man unterscheidet das Schnitzen mit der Faser, in die Faser und gegen die Faser. Was das heißt, verstehst du am besten, wenn du dir einen in Längsrichtung halbierten Baumstamm vorstellst. Schnitzt du nun der Länge nach daran, arbeitest du mit der Faser. Schnitzt du quer, so arbeitest du gegen die Faser, und schnitzt du ein Loch von oben nach unten, arbeitest du in die Faser hinein. Da sich ein Werkstück beliebig drehen läßt, kann man sich die jeweils günstigste Schnittrichtung – mit der Faser oder etwas schräg zur Faser – aussuchen.
Der Faserverlauf beeinträchtigt auch die Haltbarkeit eines Stückes. Schnitzt man zum Beispiel ein Pferd mit langen dünnen Beinen, wie auf Seite 56 unten gezeigt, so muß die Faser bei den Beinen in Längsrichtung verlaufen. Bei waagerechtem Faserverlauf würden die Beine leicht abbrechen. Bereits beim Zurichten des Rohlings (so nennt man das grobe Aussägen aus einem Klotz) muß der Faserverlauf berücksichtigt werden.
Um erst einmal ein Gefühl für das Werkzeug und seine Handhabung zu bekommen, schnitzt man anfangs kleine Schälchen, einen Kerzenteller oder Serviettenringe aus Astholz. Auch Bootskörper kann man daraus arbeiten. Natürlich kann man auch die Oberfläche einer Holzplatte beschnitzen. Diese Arbeit nennt man je nach Ausführung ‚Flächenkerbschnitt' oder ‚Reliefschnitzerei'.

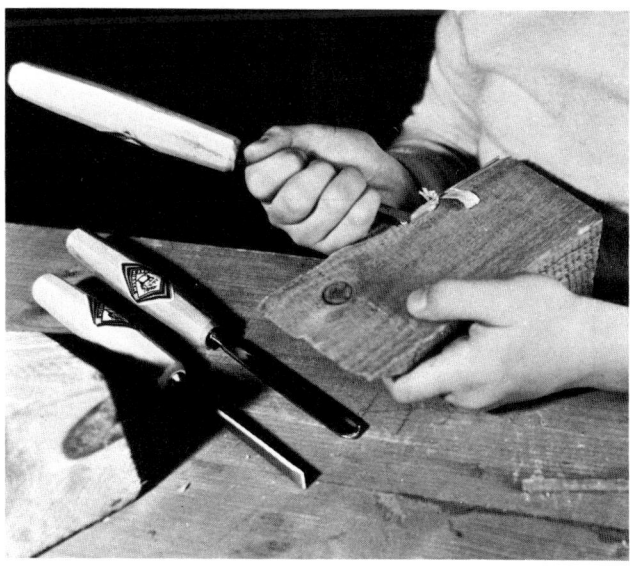

Am meisten Spaß macht natürlich das Schnitzen einer vollplastischen Figur, die am Anfang ganz einfach sein sollte. Man zeichnet zuerst die groben Umrisse der Vorderansicht auf einen ausreichend großen

Holzblock, kippt ihn dann einmal seitlich und zeichnet die Seitenansicht der Figur mit Bleistift auf das Holz. Dabei berücksichtigt man – wie bereits auf Seite 55 eingehend beschrieben – den Faserverlauf des Holzes. Die gezeichneten Umrisse werden grob ausgesägt (nicht zuviel Holz wegsägen, es soll ja noch geschnitzt werden). Damit ist der Rohling fertig. Man beginnt nun mit dem Flacheisen die Formen herauszuarbeiten. Die Feinheiten kommen später. Sie werden mit dem Hohleisen und dem Flacheisen geschnitzt. Unter genauer Betrachtung des ganzen Werkstücks, das man ständig drehen sollte, hebt man vorsichtig Span für Span ab. Nicht ungeduldig werden und zuviel Holz auf einmal wegnehmen, man verdirbt sich dadurch schnell die Arbeit, und ansetzen kann man nichts mehr. Damit nicht zu grobe Übergänge entstehen, sollte man möglichst flach schnitzen, das Eisen also waagerecht halten. Hat das Werkstück die gewünschte Form, bearbeitet man das Holz zunächst mit gröberem Schleifpapier (Körnung 60 – 80) und schleift mit feinem (120) nach.

Bild oben zeigt eine einfache Figur, die mehr gesägt als geschnitzt ist.
Darunter ein sehr schön geschnitztes Pferd nach schwedischem Vorbild.

Auf den beiden Bildern rechts sind einfache Spielfiguren zu sehen, die aus einem dreieckig gesägten Holzklotz geschnitzt wurden. Die Arme aus Leisten sind angenagelt.

57

Xylophon und Schellenbogen

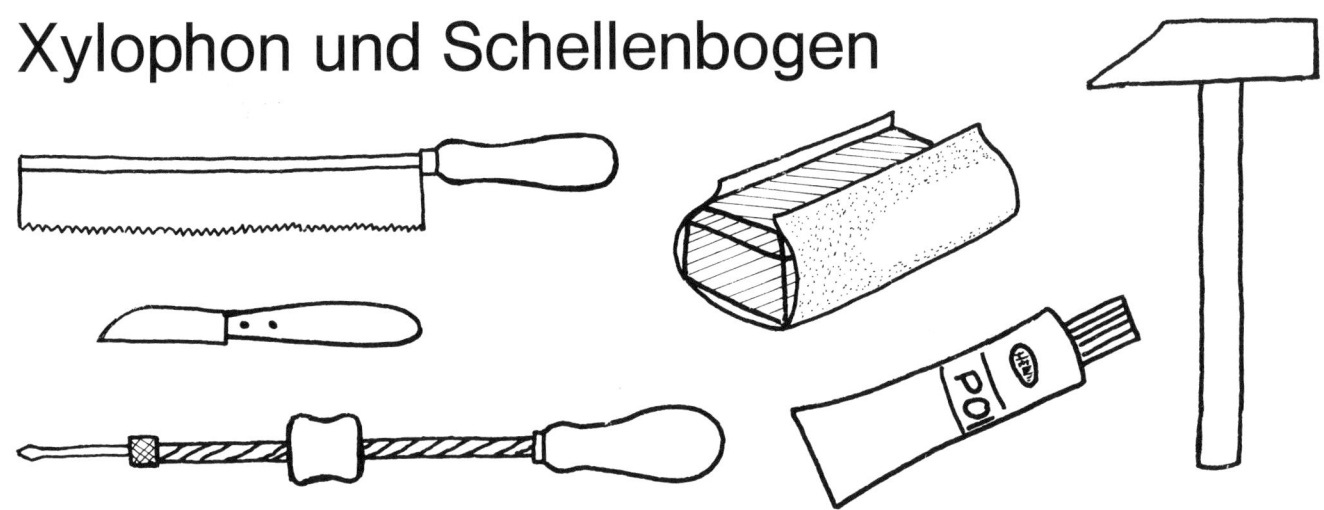

Die Abbildungen zu den Instrumenten – einem Klang- und einem Rhythmusinstrument – findest du auf Seite 60. Beide Instrumente sind nicht schwierig zu bauen, jedoch braucht man zum Stimmen der Klanghölzer beim Xylophon Geduld und ein gutes Ohr. Das Xylophon besteht aus einem Resonanzrahmen und zwölf Klanghölzern, alles aus Weichholzleisten gemacht. Man braucht für die Klanghölzer und die beiden Längsseiten des Resonanzrahmens (c) 3 m Leiste (am besten zwei Stücke je 1,50 m) 1 x 2,5 cm stark, sowie 22 cm Leiste, 1/2 x 2 cm stark, für die kurzen Leisten des Resonanzrahmens (Teile a und b). Außerdem 24 Drahtstifte, 20 mm lang, mit kleinen Köpfen und zwei 1 x 34 cm lange Streifen aus dickem Stoff, Schaumstoff oder Filz. Für die beiden Klöppel zum Schlagen nimmt man zwei Hartholzkugeln, in deren Bohrungen man 12 – 15 cm lange Rundstäbe in entsprechender Stärke leimt.

Zuerst wird der Resonanzrahmen, auf dem die Klanghölzer später liegen sollen, gesägt und zusammengeleimt. Das sind die Teile a, b und c. Die Einschnitte an den Leistenenden von Teil c müssen 2 cm tief und 1/2 cm weit sein (Stärke der Leiste a bzw. b). Diese zwei Leisten werden unten und oben zwischen die beiden Leisten c geleimt.

Die zwölf Klanghölzer müssen sehr genau gesägt werden, sonst hat man Schwierigkeiten beim Stimmen der Tonleiter. Grundsätzlich lieber zu lang sägen und das Maß mit Schleifpapier korrigieren. Das längste Klangholz soll 23,5 cm messen, das kürzeste 13,6 cm – leicht auszurechnen, daß der Unterschied von Leiste zu Leiste 9 mm beträgt. Alle Leisten werden an den oberen Längskanten mit Schleifpapier etwas gerundet (man nennt das ‚Kanten brechen'). Dann ordnet man sie der Größe nach und legt sie so vor sich auf den Tisch, wie aus der Zeichnung ganz rechts zu ersehen. Mit einem langen Lineal (oder einer Leiste) markiert man über alle Hölzer zuerst die Mitte und dann den oberen und unteren Lochstand nach den angegebenen Maßen. Nun verbindet man die unteren Lochmarkierungen mit den oberen durch Linien und ermittelt so die Lochabstände der übrigen Klanghölzer. Die Löcher werden jeweils auf der Außenseite der Markierungen gebohrt. Bevor man bohrt, legt man zur Kontrolle den Resonanzrahmen auf die Hölzer (Vorsicht, nichts verschieben!) und prüft, ob sich Lochmarkierungen und Längsleisten decken.

Sind alle Löcher gebohrt, klebt man auf die Längsleisten des Resonanzrahmens die beiden Stoff- oder Schaumstoffstreifen und ordnet die Klanghölzer so darauf an, daß sie alle den gleichen Abstand voneinander haben. Durch die Bohrungen nagelt man sie lose auf und hebt sie danach über die Nagel-

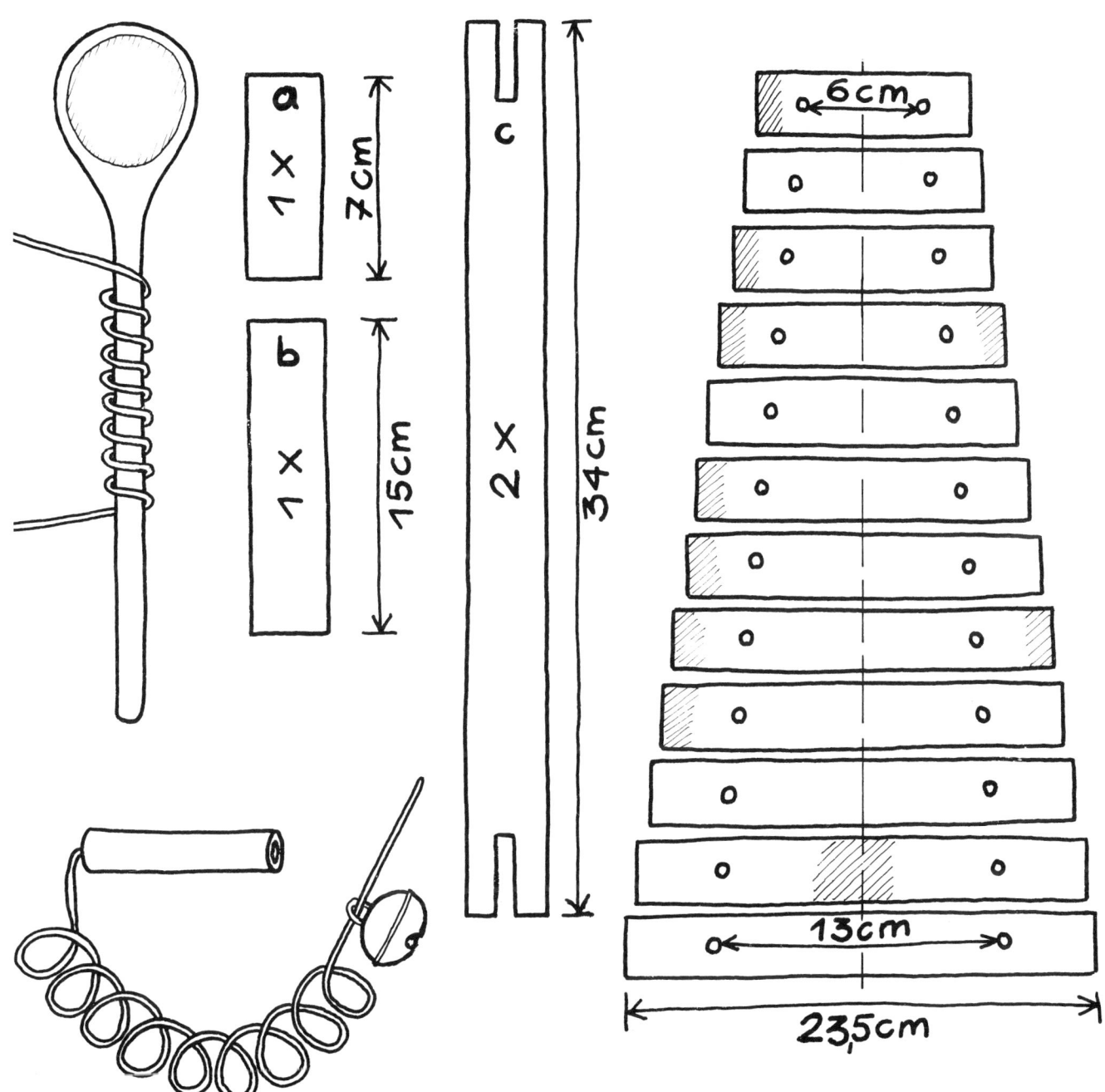

köpfe (die Bohrlöcher müssen entsprechend groß sein) wieder ab. Dann werden die Nägel so weit eingeschlagen, daß sie nicht aus den Löchern der Klanghölzer hervorstehen.

Beim Stimmen des Instruments nach einer Pfeife, Blockflöte, Mundharmonika, Stimmgabel oder dem Klavier beginnt man mit dem a, das ist der 6. Ton von der längsten Leiste an gezählt. Nach dem a richten sich g, f, e, d, und c nach unten und h, c, d, e, f, g nach oben. Der Ton wird höher, wenn man an den Enden unterhalb der Leisten Holz abträgt (mit Schnitzmesser oder Schleifpapier). Macht man die Leisten in der unteren Mitte dünner, wird der Ton tiefer (siehe schraffierte Stellen auf der Zeichnung ganz rechts).

Der Schellenbogen ist schnell gemacht. Man braucht außer den Schellen, die es im Spielwarenhandel gibt, ein Stück Kupfer- oder Messingdraht, 2 mm stark (Hobbygeschäft) und einen hölzernen Paketträger.

Die Länge des Drahtes richtet sich nach der Anzahl der Schellen, die man selbst bestimmen kann. Für jede Windung, an der eine Schelle hängt, rechnet man 4 cm, dazu kommen noch zweimal 8 cm zum Einschieben in den Haltegriff. Der Draht wird so um einen dicken Stiel gewickelt wie auf der Zeichnung Seite 59 gezeigt. Dann schiebt man ihn herunter, zieht ihn etwas auseinander und drückt die Windungen flach. An jeden Bogen kommt eine Schelle. Die Drahtenden werden umgebogen und in den Holzgriff geschoben (Zeichnung Seite 59). Anstelle des Paketträgers kann man auch ein Stück Rundholz an den Enden anbohren und die (gekürzten) Drahtenden hineinkleben.

Metallarbeiten

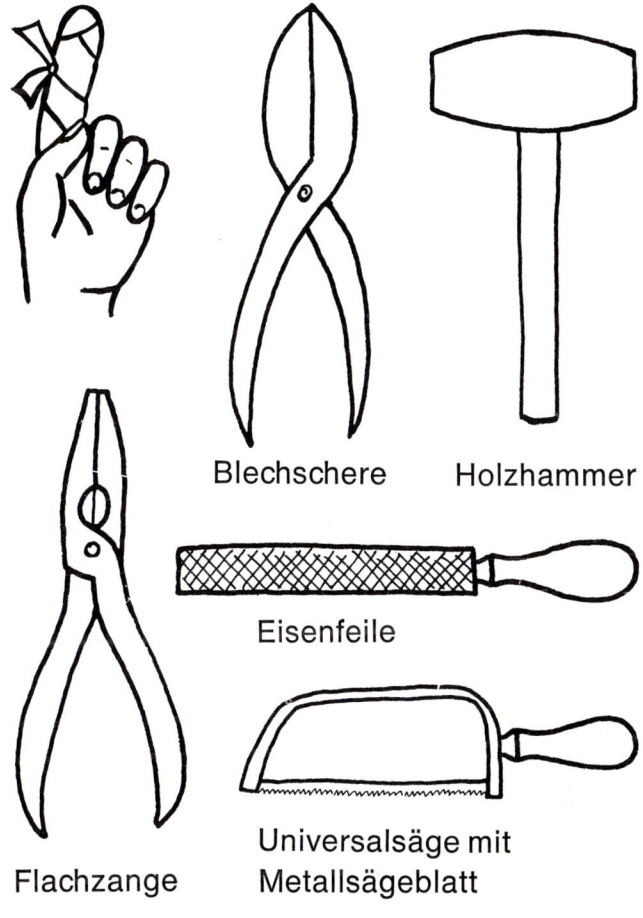

Blechschere   Holzhammer

Eisenfeile

Flachzange   Universalsäge mit Metallsägeblatt

Das Gebiet der Metallarbeiten ist sehr groß, deshalb kann hier nur das Wesentliche an einfachen Beispielen erklärt werden.
Für die Bearbeitung mit einfachen Werkzeugen, wie sie oben abgebildet sind, kommen außer Draht noch Bleche aus Messing, Kupfer, Aluminium und Zink von höchstens 0,8 mm Stärke in Frage. Am leichtesten läßt sich Blech von Getränkedosen verarbeiten (Fotos S. 62/63). Es ist weich, und seine Schnittkanten sind nicht scharf. Anders das Blech von Konservendosen, das man für vieles verwenden kann. Hier sind die Kanten besonders scharf. Auch bilden sich beim Schneiden leicht Grate an den Kanten (das sind kleine spitze Unebenheiten). Man entfernt sie mit der Eisenfeile (nicht zu verwechseln mit einer Holzraspel) wie folgt: Feile abwechselnd nach schräg links und rechts über die Kante schieben. Dabei Druck auf die Klinge ausüben. Beim Zurückziehen Klinge entlasten.
Blech kann man biegen, treiben, sägen und schneiden, man kann es bohren und durchlöchern.
Metallverbindungen stellt man her durch Zusammenstecken (Laschen in Schlitze), Falzen (z. B. zwei umgebogene Kanten ineinander haken und mit dem Holzhammer festklopfen), Löten und Kleben. Es gibt spezielle Metallkleber und Lötpasten in Tuben. An der Maske rechts sind alle einfachen Metallarbeiten aufgezeigt. Die Umrisse wurden aus 0,8 mm starkem Messingblech mit der Blechschere ausgeschnitten. Die Kanten wurden mit der Eisenfeile geglättet und entgratet. Die Augenwimpern wurden mit der Blechschere fransenartig eingeschnitten. An den Enden und in der Mitte der glatten Kanten sitzen kleine Laschen. Diese wurden durch Schlitze (ge-

bohrt und nachgeschnitten) in den Augenwinkeln hindurchgesteckt und auf der Rückseite umgebogen. Die Nase, ausgesägt und in Form gebogen, ist ebenfalls mit Laschen befestigt. Die Öffnung des Mundes wurde zunächst mit dicht gesetzten Löchern (mit Nagel und Hammer eingeschlagen) perforiert und herausgedrückt. Dann wurde das Blech für den Mund auf einen Stein gelegt und kräftig mit dem Eisenhammer bearbeitet, dadurch entstand eine Wölbung (das Blech wurde ‚getrieben'). Blech, das seine Form behalten soll, muß mit dem Holzhammer bearbeitet werden. Durch die Schläge des Eisenhammers wird das Metall an der entsprechenden Stelle dünner, es wird auseinander getrieben und wölbt sich nach oben. Auf diese Weise kann man aus einem geraden Blech ein Schälchen treiben, jedoch braucht man dazu einen Spezialhammer mit gerundeter Schlagfläche. Eine Art Treibarbeit sind auch die Verzierungen auf der oberen Hälfte der Maske. Hier wurden mit Hilfe eines Nagelkopfes Punkte und eines stumpfen Schraubenziehers Linien in das Blech geschlagen. Dazu wurde der Nagel bzw. Schraubenzieher auf das Blech gesetzt und mit dem Hammer daraufgeschlagen (siehe Foto links Mitte). Diesen Vorgang nennt man ‚punzieren', das Hilfsgerät ‚Punze'.

Draht ist leicht in eine bestimmte Form zu biegen. Man nimmt dazu eine Flachzange oder eine Rundzange. Mit einer Flachzange (Foto links unten) kann man mehr ausrichten, so z. B. zwischen den Zangenbacken in Längsrichtung verbogenen Draht geradebiegen. Hat die Zange eine Schneidvorrichtung, kann man damit Draht abzwicken und somit auf ein zusätzliches Werkzeug zum Schneiden verzichten.

So entsteht eine Rosette

Aus Konservendosen – hier eine Getränkedose – kann man Rosetten und Sterne machen. Zuerst wird der Deckel mit einer alten Haushaltsschere oder einer Blechschere abgeschnitten. Vorsicht beim Einstechen ins Blech: Dose gut festhalten, Finger aus dem Schneidebereich!

Nun wird das Blech von der Oberkante bis zum Dosenboden in möglichst gleichmäßige Streifen geschnitten. Die Dose wird dabei so gehalten, daß die Finger nicht von den Spitzen der Schere verletzt werden können. Man stützt am besten die haltende Hand auf den Tisch.

Die Streifen werden nach allen Seiten gleichmäßig strahlenförmig auseinandergebogen. Man kann sie zusätzlich einzeln drehen (Farbfoto Seite 64), an den Spitzen ein- oder ausschneiden oder – wie hier – über einen Bleistift rollen. Die Mitte kann man noch punzieren (Foto links, Mitte).

Weihnachtsengel

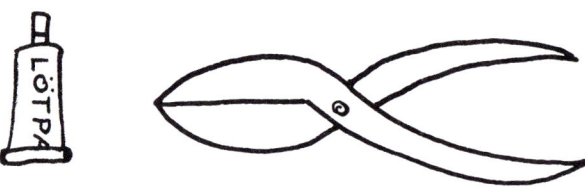

Aus 0,5 mm dünnem Blech (Eisenwarenhandlung, Hobbyladen) kann man einfache kleine Engel machen. Der Schnitt (rechts in Originalgröße) wird auf das Blech übertragen. Hat man Arme und Körper aus- und die Stellen an Armen, Flügeln und Rock eingeschnitten, kann man den Engel punzieren (Erklärungen dazu auf der rechten Seite; Foto Seite 62, Mitte) und mit Wasserlack (Deka) oder wasserfesten Faserschreibern (Edding) anmalen. Die Flügel biegt man in Verlängerung der Einschnittlinien rechts und links rechtwinklig nach vorn. Den Engelkörper rollt man kegelförmig nach hinten und schiebt das Blech oberhalb des Einschnitts am Rock unter das von der anderen Seite dagegen stoßende Rockteil. Das andere Teilstück (unterhalb des Einschnitts) sitzt obendrauf. Zuvor gibt man etwas Lötpaste an die Verbindungsstellen. Bis die Lötpaste (oder der Metallkleber) getrocknet ist, umwickelt man den Engelkörper mit einem Stück Klebstreifen. Die Arme schiebt man von unten in die Einschnitte an den Flügeln und befestigt sie ebenfalls mit Lötpaste. Der Hals wird rechtwinklig nach vorn und der Kopf aufwärts gebogen, der Glorienschein zuerst nach hinten und dann aufwärts. Dem fertigen Engel kann man noch ein Instrument oder Notenblatt an die Hand kleben.

Die Sternrosetten links sind aus Dosen gemacht. Beschreibung auf Seite 63.

Hat man die Teile nach diesem Muster aus Blech zugeschnitten, werden Haare, Augen, Nase, Mund, die Federn auf den Flügeln und Verzierungen auf dem Rock durch Punzieren hervorgehoben. Dazu setzt man die Punze (Kopfende einer Schraube oder eines Nagels, Ende eines Schlüssels o. ä.) auf das Blech und schlägt mit dem Hammer darauf, so daß sie sich deutlich abdrückt. Das Blech muß dabei auf einer weichen Unterlage liegen.

Silberschmuck

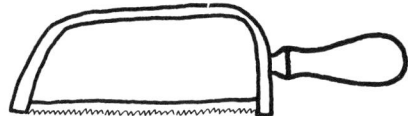
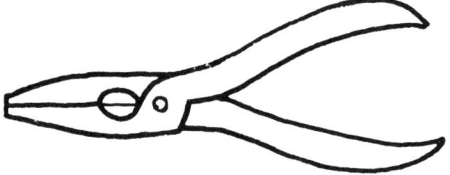

Der Draht, den man für Halsreifen, Ringe und Armreifen verwendet, ist meistens nicht aus reinem Silber sondern nur versilbert. Man bekommt ihn in verschiedenen Stärken in Hobbyläden, im Spielwarenhandel, bei Hobbyabteilungen der Warenhäuser und in Eisenwarengeschäften. Für die hier beschriebenen Arbeiten sollte er 1 mm stark sein.
Zum Bearbeiten braucht man eine Flachzange, eine Bügelsäge mit einem Metallsägeblatt und eine Metallfeile.
Einen glatten Halsreif kann man gut um eine 500-Gramm-Konservendose formen (Foto links oben). Man zieht die Drahtenden kreuzweise übereinander. Wenn man sie wieder losläßt, springt der Draht ungefähr auf Halsweite auseinander. Nun kürzt man die Enden so weit, daß man daraus noch einen Hakverschluß biegen kann, wie rechts oben auf dem Foto zu sehen. Man kann die Enden auch zu Ösen biegen und einen extra angefertigten Haken einhängen (Foto darunter).
Bei der Herz-Halsspange (Zeichnung oben rechts und großes Foto) dient das Herz zugleich als Verschluß. Man formt es, bevor man den Draht zum Halsreif um die Dose windet, kürzt dann das unbearbeitete Ende und biegt einen kleinen Haken, der nach außen zeigt (sonst kratzt er am Hals). Bei allen Verschlüssen müssen die Drahtenden glattgefeilt werden, damit sie weder Haut noch Kleidung beschädigen können.
Die Spiralenrosette, die an dem einen Halsreif hängt (großes Foto rechts), wird wie folgt gemacht: man windet den Draht, wie auf dem Foto unten links gezeigt, um einen Rundstab (Kochlöffelstiel o. ä.), nimmt die entstandene Spirale herunter und biegt eine Kreisform, bei der die Windungen hochkant stehen. Die Drahtenden werden so gekürzt, daß sie dort, wo sich die Kreisform schließt, zusammentreffen. Auf die gleiche Weise kann man einen Fingerring mit einer kleineren Rosette (dünneren Stab nehmen) machen. Nachdem man die Spirale vom Stab genommen hat, biegt man zuerst aus einem der Drahtenden einen doppelten Ring

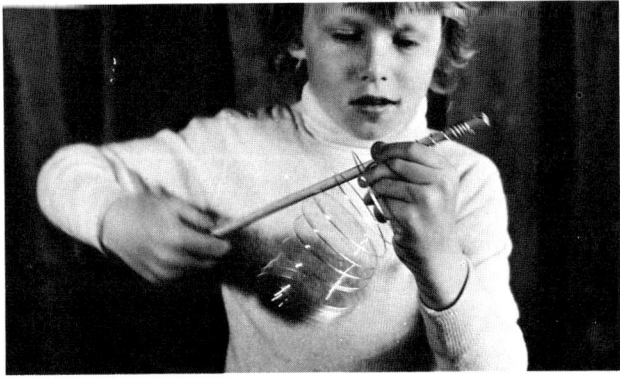

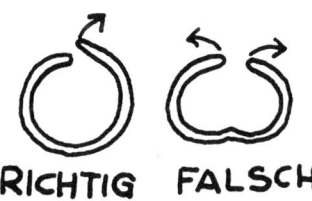
RICHTIG FALSCH

(zwei Windungen) in Fingerweite, formt dann die Spirale zur Rosette, drückt sie dagegen und schneidet den Rest Draht ab. Das Armband auf dem großen Foto ganz rechts ist eine Montage aus Spiralenrosetten (wie anfangs beschrieben) und Ringen. Zwischen zwei Rosetten sitzen paarweise eingehängt vier Ringe, die in die Windungen der Rosetten greifen. Man formt sie ebenfalls mit Hilfe eines Rundstabes. Der Draht soll möglichst in dichten Windungen herumgewickelt werden. Anschließend sägt man – noch auf dem Stab – jede Windung an einer Stelle etwas schräg durch (nicht einfach durchzwicken, die Ringe schließen dann schlecht). Um die Ringe in die Rosetten einzuhängen, muß man sie etwas auseinanderbiegen. Dabei hält man das eine Endstück mit der Zange fest und drückt das gegenüberliegende mit den Fingern nach hinten. Nicht beide Endstücke seitlich auseinanderziehen, sonst bekommt der Ring in der unteren Mitte einen kleinen Knick und schließt nicht mehr genau. Die Zeichnungen oben zeigen den richtigen und den falschen Vorgang. Hat man die Ringe eingehängt und wieder zusammengebogen, bringt man an einem Ende noch einen Ring mit einem Ringfederverschluß an.

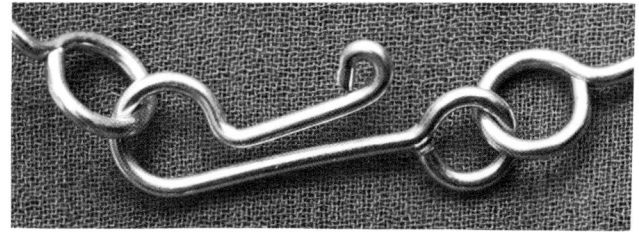

Basteln, Bauen, Montieren

Nach den Anleitungen auf den folgenden Seiten kannst du ein Flaschendorf basteln, einen Rennwagen bauen oder einen Seilroller montieren.

Basteln, Bauen, Montieren – drei Begriffe für eine im Grunde gleiche Tätigkeit. Worin liegt der Unterschied? Das Basteln ist die einfachste Form des Selbermachens. Das Bauen hingegen verlangt handwerkliches Können. Es besagt, daß man aus selbst vorgefertigten Teilen etwas zusammenbaut. Dieser Begriff wird vorwiegend im Zusammenhang mit Holz angewendet (Möbelbau usw.).

Das Montieren bezieht sich in erster Linie auf Metall. Meistens arbeitet man mit industriell vorgefertigten Teilen (Schrauben, Bolzen, Scheiben, Rädern und dergleichen), mit denen man irgendwelche Materialverbindungen herstellt.

Schon das einfache Montieren ist eine gute Einführung in die Grundbegriffe der Technik, weil man dabei Zusammenhänge und Funktionen erkennt.

Noch mehr lernt man durch das Demontieren (Auseinandernehmen). Schraubt man zum Beispiel einen alten Roller auseinander, um aus einigen Teilen eine Seilbahn zu machen (Seite 75), sieht man, wie Lenker und Vorderradgabel zusammenhängen, und auf welche Weise der Rahmen mit Trittbrett und Hinterradgabel daran befestigt ist. Und so erkennt man allmählich, daß die Technik keine geheimnisvolle Sache ist, bei der man nur bewundernd zuschauen muß, sondern daß sie für jeden begreifbar werden kann.

Dorf in der Flasche

Der Bau von Flaschenschiffen – in Norddeutschland sagt man ‚Buddelschiffe' – war ursprünglich ein Seemannshobby, mit dem sich die Fahrensleute auf langen Reisen die Zeit vertrieben. Inzwischen basteln auch Landratten Schiffe, Dörfer und anderes mehr in Flaschen. In Süddeutschland kennt man noch eine andere Form dieser Bastelei, die man ‚Eing'richt' nennt. Hier sind die Szenerien – vorwiegend religiöse Motive – in stehende Flaschen eingebaut.
Die Teile, die in eine Flasche eingesetzt werden sollen, müssen so klein sein, daß sie entweder waagerecht oder senkrecht durch den Hals passen. Was man in eine Flasche einbaut, ist einem selbst überlassen. Es

müssen ja nicht die traditionellen Schiffe sein; ein Dorf, ein Bauernhof, ein Zoo oder eine Schafherde sehen genau so originell aus.

Die Greifinstrumente, mit denen man die Teile in die Flasche balanciert und an den rechten Platz rückt, biegt man sich aus Draht und Blechstreifen zurecht. Gut bewährt haben sich Aluminiumstreifen, wie man sie zum Biegen von Granulatformen kaufen kann (Hobbyladen).

Bevor man mit dem Einrichten der Flasche (Ausmalen, Knetbett einführen) beginnt, muß man genau überlegen, von welcher Seite man die Teile einführen will. Ist man Rechtshänder, muß auch der Flaschenhals nach rechts liegen. Linkshänder arbeiten umgekehrt (vergleiche die Flaschen auf dem Foto von Seite 68). Schon mancher Fehler wurde beim Ausmalen gemacht. Den Untergrund – das ‚Knetbett' – macht man am besten aus Knete, wie man sie zum Modellieren verwendet (z. B. Fimo), weil sie lange elastisch bleibt.

Die weiteren Einzelheiten zeigen die Fotos auf diesen Seiten.

Die Flasche – hier eine weithalsige Weinkaraffe – wird zuerst innen auf der rückwärtigen Hälfte angemalt. Man nimmt dazu am besten Bastelfarbe, die schnell trocknet. Damit man um die Ecke malen kann, bindet man einen abgebrochenen Pinsel an eine Schiene aus Draht oder Blech, die man entsprechend zurechtbiegt.

Damit man den Flaschenhals und die Innenwandung nicht verschmiert, rollt man die Modelliermasse für das Knetbett zu einem Wulst und senkt diesen mit Hilfe eines Blechstreifens vorsichtig in die stehende Flasche ab. Damit der Wulst nicht abreißt, rollt man ein Band oder ein Stück dünnen Draht mit ein.

Nun legt man die Flasche so vor sich auf den Tisch, wie sie später anzusehen sein soll. Damit sie nicht wegrollt, klebt man vor und hinter die Auflagefläche in Längsrichtung ein Stück Kordel. Mit einem leicht abgewinkelten Blechstreifen wird das Knetbett fest auf den Flaschenboden gedrückt, bis es die gewünschte Breite hat.

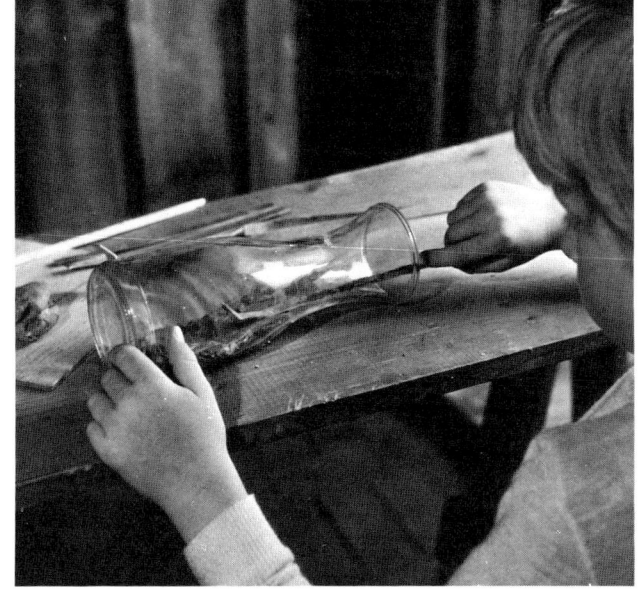

Anschließend kann man das erste Stück der Innenausstattung einführen. Dazu biegt man sich aus nicht zu dünnem Draht verschiedenartig geformte Greifzangen und Balancierstäbe. Fällt das Teil in der Flasche um, nimmt man es heraus und setzt es nochmals ein. Das Aufrichten in der Flasche ist schwierig.

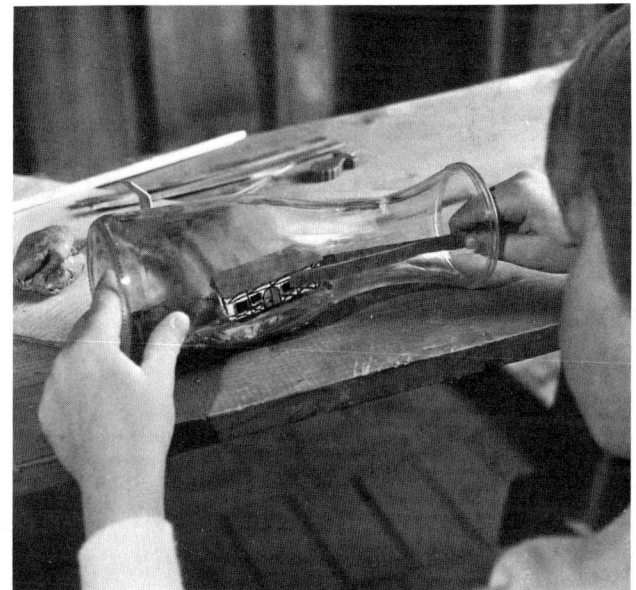

Die eingeführten Teile werden mit den unten eingeschlagenen Nägeln in das Knetbett gedrückt. Dabei muß man sowohl die Vorder- als auch die Seitenansicht ständig im Auge haben, denn die Teile dürfen weder schief stehen noch sich nach vorn oder hinten neigen. Aus diesem Grund wählt man für erste Versuche am besten eine weithalsige Flasche wie hier.

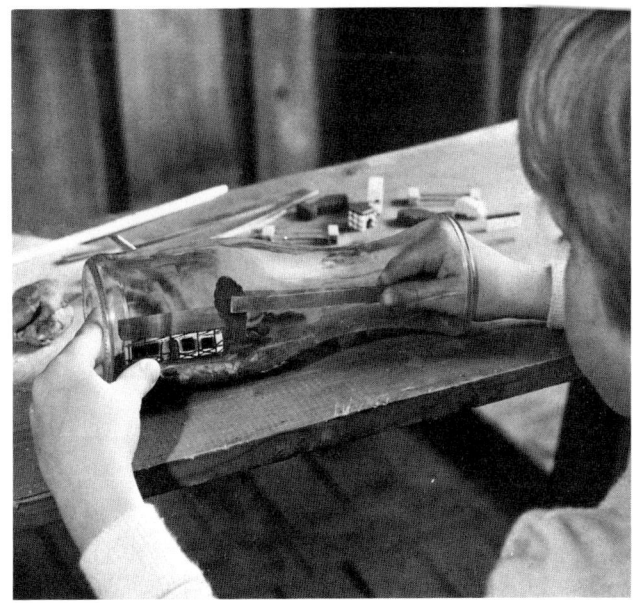

Rennwagen

Das Fahrwerk dieses Flitzers besteht aus einem ausgedienten Kinderwagen-Untergestell, der Aufbau aus Holz. Das Nachbauen ist nicht schwer, aber wenn du noch keine großen Bastelerfahrungen hast, solltest du einen fachkundigen Helfer zu Rate ziehen. Die Aufsicht auf den Wagen, die du unten auf Seite 73 siehst, zeigt, wie einfach alles ist. Außer dem Fahrgestell (vom Sperrmüll) braucht man folgendes Holz: 2 gehobelte Dielenbretter, 10 cm breit, 15 mm stark, je 1,75 m lang (oder mehrere kleinere Abschnitte), sowie 36 cm Rundholz von Besenstielstärke. An Metallteilen braucht man: 1 Getränkedose, 30 Blaue Kammzwecken (s. S. 23), 14 Linsenkopf-Schrauben (s. Seite 23), 20 mm lang, 2 mm stark, 4 Linsenkopf-Schrauben, 28 mm lang, 2 mm stark (zum Anschrauben der Lehnenbretter), 4 Eisenschellen mit 10 mm Innenweite (um die Achsen passend), dazu Schrauben in passender Stärke, 9 mm lang (anstelle der Schellen kann man auch U-Bolzen, 4 mm stark, mit einseitigem Gewinde, Belegschei-

ben und Flügelmuttern nehmen), sowie einen Eisenbolzen, 5 mm stark, 6 – 8 cm lang. Zum Leimen braucht man etwas Ponal. Die Bohrer, die man in verschiedenen Stärken (den Schrauben und Bolzen entsprechend) braucht, leiht man sich am besten bei einem Bastler aus.

Zuerst sägt man mit dem Metallsägeblatt (Universalsäge) die beiden Verbindungsstangen zwischen Vorder- und Hinterachse ab (rote Pfeile auf der Zeichnung oben), denn man braucht nur die Achsen mit den beiden Bügelpaaren dran. Das eine Bügelpaar hält später die Lenkstange (siehe D auf der Zeichnung unten), das andere wird in die Einschnitte des hinteren Sitzbretts (C 1 auf derselben Zeichnung) geschoben und hält später die Lehnenbretter. Säge das Holz in folgende Stücke (siehe Zeichnung auf Seite 74): 2 je 29 cm (Achsbretter A 1 und A 2), 1 Stück von 80 cm (Verbindungsbrett B), 5 Stücke je 36 cm (Sitzbretter C 1, C 2, C 3 und Lehnenbretter E 1 und E 2). Das ist schon alles. Säge in eine Längskante

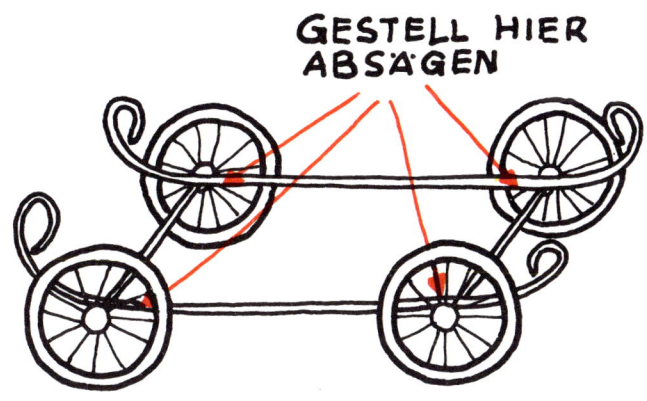

von Brett C 1 zwei 2 x 2 cm große Ausschnitte (einsägen und überflüssiges Stück mit dem Messer abspalten), deren Abstand dem eines Bügelpaares entspricht. Nun säge die vorderen Ecken für Brett C 3 schräg ab und runde sie mit Raspel oder Schleifpapier. Schräge zwei Ecken einer Längsseite des vorderen Achsbretts (A 1) so ab, wie auf der Zeichnung unten auf S. 76 zu sehen. Schneide ein ca. 6 x 6 cm großes Stück Blech halbkreisförmig zu und nagele es zwischen die Schrägen in die Mitte auf

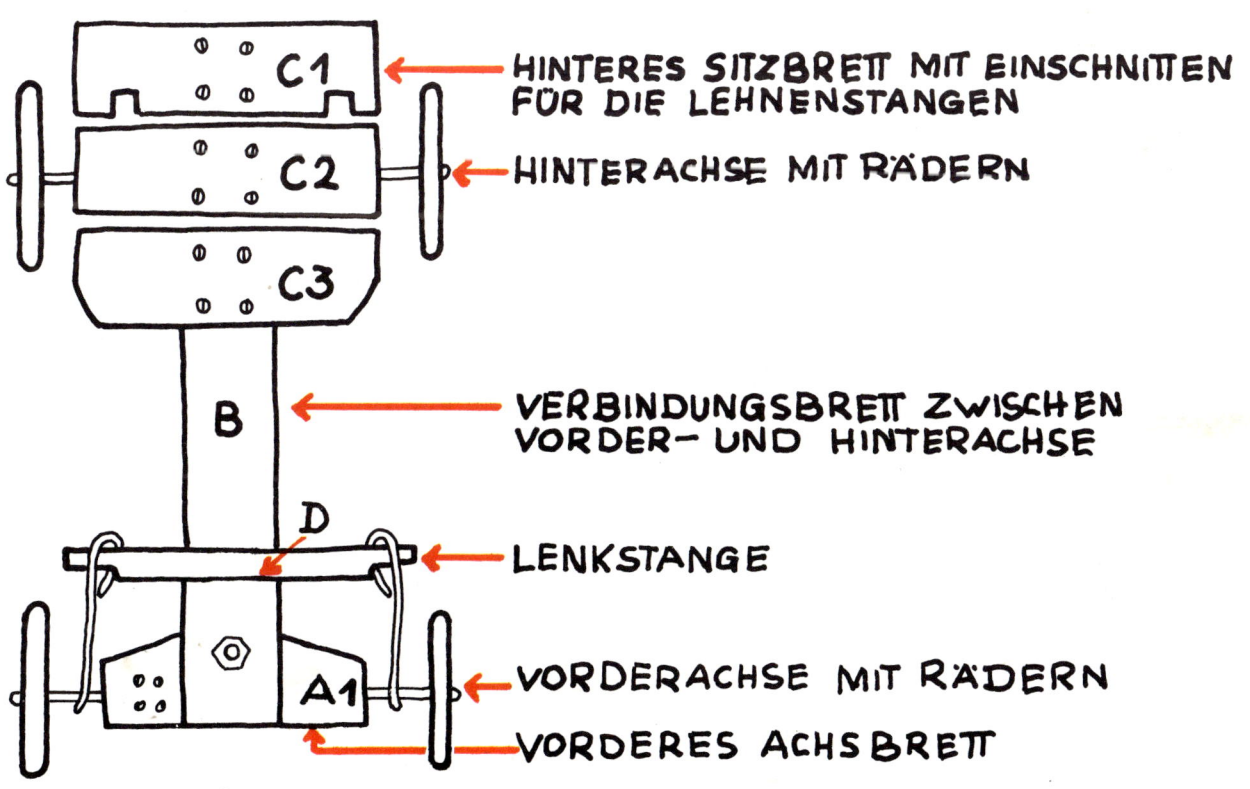

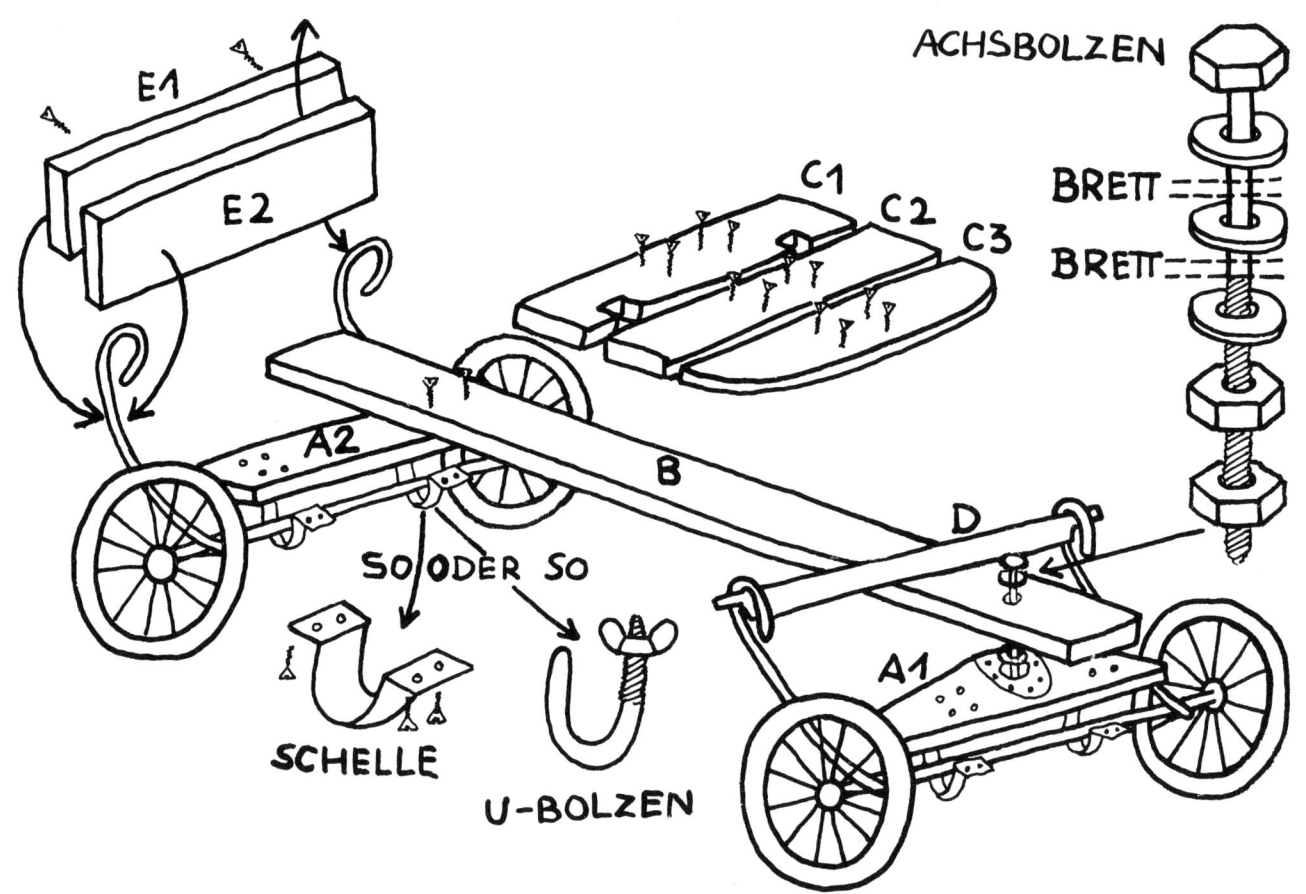

Brett A 1. Befestige die Hinterachse mit Schraubzwingen oder krummgeschagenen Nägeln provisorisch auf dem Achsbrett A 2, markiere und bohre die Löcher für die Schellen und schraube sie fest. Bei Verwendung von U-Bolzen mußt du vor und hinter der Achse je ein 4 mm großes Loch bohren, den Bolzen von unten nach oben um die Achse greifend durchstecken und eine Flügelmutter aufschrauben.

Bevor du die Vorderachse auf die gleiche Weise mit Brett A 1 verbindest, bohrst du durch Gleitblech und Holz ein 5 mm großes Loch für den großen Achsbolzen, und zwar an der abgeschrägten Längsseite genau in die Mitte, 3 cm von der Sägekante entfernt. Das Verbindungsbrett B wird in der Brettmitte 8 cm von der vorderen Schmalkante entfernt ebenfalls mit einer 5 mm-Bohrung versehen. Vorher wird es auf der späteren Unterseite, genau wie die Achse, mit einem Gleitblech beschlagen. Nun verbindet man Brett B und A 1 durch den langen Achsbolzen, Belegscheiben und Muttern miteinander in der Reihenfolge wie auf der originalgroßen Zeichnung oben rechts zu sehen.
14 cm vom anderen Ende des Bretts B zwei nebeneinanderliegende Schraublöcher bohren, Brett an dieser Stelle auf der Unterseite mit Ponal bestreichen, auf das hintere Achsbrett A 2 leimen und festschrauben. Das Bügelpaar der Hinterachse nach oben heben, dahinter C 1 so auf Brett B leimen, daß die Bügel leicht nach hinten geneigt in den Ausschnitten sitzen. Dann Brett C 2 und C 3 aufleimen, nach dem Trocknen des Klebers Löcher bohren und Bretter festschrauben. Vorher abmessen, daß die Schrauben von C 2 nicht auf die darunterliegenden Schrauben von B treffen. Lehnenbrett E 1 mit den 4 langen Schrauben so gegen E 2 schrauben, daß die Bügel dazwischen sitzen. Rundstab (D) an den Enden so aussägen, daß er sich zwischen das vordere Bügelpaar klemmen läßt.

Seilroller

Das Fahren mit einer selbstgemachten Seilbahn macht ungeheuren Spaß. Allerdings braucht man zwei feste Punkte (Bäume, Mauerhaken, Pfosten), an denen man ein Seil aus Perlon oder Kokos befestigen kann. Das Seil sollte mindestens fingerdick sein, sonst kippt die Felge aus der Führung. Außer dem Seil braucht man noch einen ausgedienten Roller. Maulschlüssel für die Montage (Zeichnung oben) leiht man sich am besten in entsprechender Größe bei einem Bastler oder Autobesitzer. Mit diesem Werkzeug löst man die Schelle oder Ringschraube, die auf der Stange zwischen Lenker und Gabel sitzt, sowie die Sechskantschraube oder Mutter, die entweder unten zwischen der Gabel (s. Zeichnung unten links) oder auf dem Lenker sitzt (die Art und Anordnung der Schrauben ist je nach Ausführung des Rollers verschieden). Jetzt kann man Gabel und Lenkteil auseinanderziehen (eventuell etwas mit dem Hammer nachhelfen), das Stück mit dem Trittbrett herausnehmen (Zeichnung unten Mitte) und alles wieder zusammensetzen. Schrauben bombenfest ziehen! Nun die Außenmuttern an der Gabel lösen, Rad herausnehmen, Reifen entfernen und Rad wieder einsetzen. (Zeichnung unten rechts). Muttern ganz fest anziehen!

 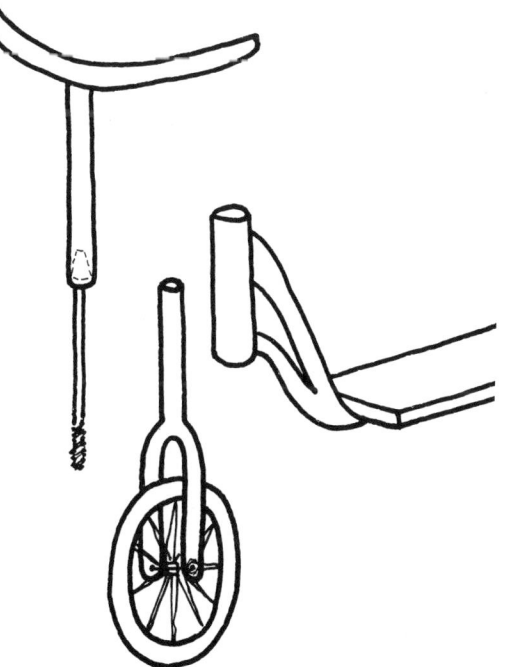 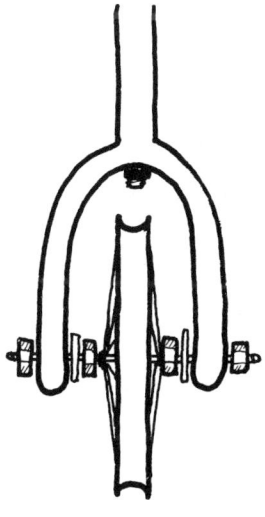